宋庆龄文献资料与研究系列丛书

The Romances of Two Foreigners in China during World War Ⅱ

我的传奇

两个洋八路的中国情缘

中国福利会 编

[日] 中村京子 口述　沈海平 撰文

中国出版集团 東方出版中心

"宋庆龄文献资料与研究"系列丛书

谨以此书纪念

世界反法西斯战争胜利 70 周年

中国人民抗日战争胜利 70 周年

杰出的国际主义白衣战士汉斯·米勒诞辰 100 周年

汉斯·米勒与中村京子摄于1949年

总 序

中华人民共和国缔造者之一、国家名誉主席宋庆龄（1893 – 1981）是举世闻名的爱国主义、民主主义、国际主义、共产主义伟大战士，被誉为“国之瑰宝”和“二十世纪伟大的女性”。1981 年宋庆龄逝世后，在有关部门推动下，宋庆龄文献的整理、编辑出版工作逐步展开，先后出版了《宋庆龄选集》（上、下卷）、《宋庆龄书信集》、《宋庆龄来往书信选集》和《宋庆龄书信集》（续编）等资料性著作，推动了宋庆龄学术研究工作的开展。随着学术研究的愈益深入，海内外对宋庆龄研究的关注度越来越高，参与学术研究工作的学者也越来越多。大家普遍感觉现有的宋庆龄文献资料已不敷使用，亟需有关部门开展有计划、全方位、系统的宋庆龄文献资料搜集、整理和编辑出版工作，以满足广大学者开展宋庆龄学术研究工作的需要。为此，上海宋庆龄研究会、上海市孙中山宋庆龄文物管理委员会、中国福利会和上海宋庆龄基金会决定联合开展此项工作，编纂出版“宋庆龄文献资料与研究”系列丛书，为有志于从事宋庆龄学术研究的广大学者提供服务，以期宋庆龄学术研究在新的世纪取得更大突破和成绩。

“宋庆龄文献资料与研究”系列丛书计划编辑出版六个系列，即宋庆龄的“档案文献”、“往来函电”、“回忆口述”、“报刊史料”、“海外译著”以及“最新研究”，将开展宋庆龄学术研究所必需的但过去从未在国内公开出版，或虽已零星出版但从未完整、系统公开出版的有关宋庆龄的各类文献资料，以及海外出版的相关文献资料或文献类著作，分门别类予以编选出版和译介，同时也收录具有重要学术价值的系列研究成果。

编辑出版“宋庆龄文献资料与研究”系列丛书是一项长期而艰巨的工作任务，蕴含着非常大的工作量和工作难度，需要社会各界予以充分支持和协作。为此，我们特地将系列丛书设计成开放的形式，任何组织和个人都可以将符合这个系列丛书要求的作品或项目计划，交与我们评审，如果获得通过，我们将给予包括出版经费在内的各种资助。

2011 年是宋庆龄逝世 30 周年，我们特地从是年起推出这套丛书，以对这位一生“威武不屈，富贵不淫”，“把毕生精力献给中国人民民主和社会主义事业，献给世界和平和人类进步事业”的伟大女性表示我们崇高的敬意和怀念。

“宋庆龄文献资料与研究”系列丛书
编审委员会

目录
Contents

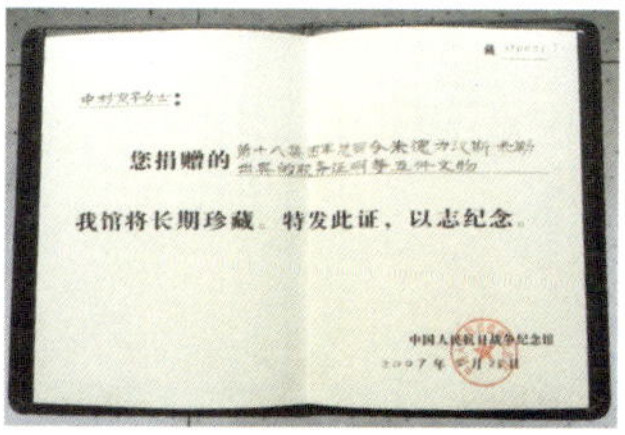

您捐赠的

我馆将长期珍藏，特发此证，以志纪念。

中国人民抗日战争纪念馆

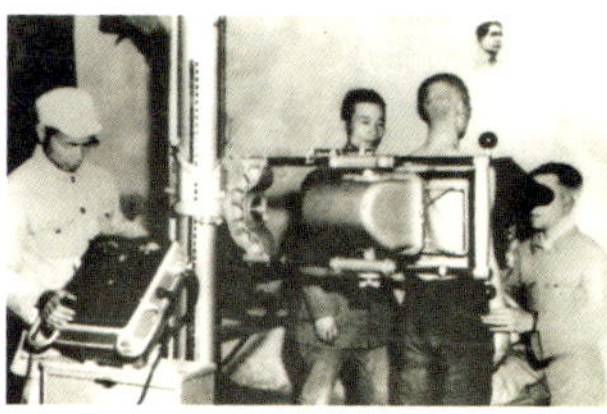

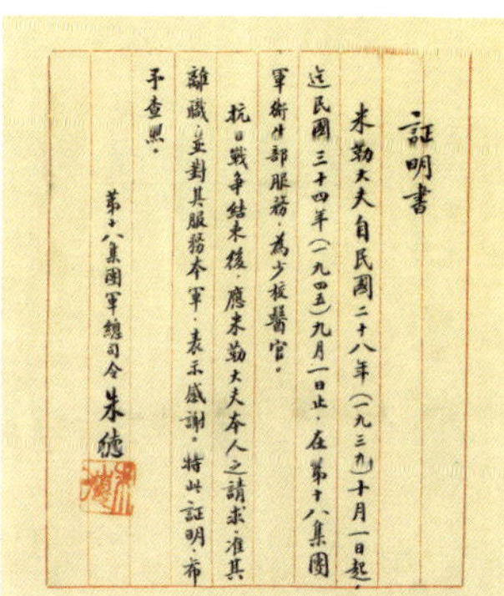

證明書

米勒大夫自民國二十八年（一九三九）十月一日起，迄民國三十四年（一九四五）九月一日止，在第十八集團軍衛生部服務，為少校醫官。

抗日戰爭結束後，應米勒大夫本人之請求，准其辭職，並對其服務本軍，表示感謝，特此證明，希予查照。

第十八集團軍總司令 朱德

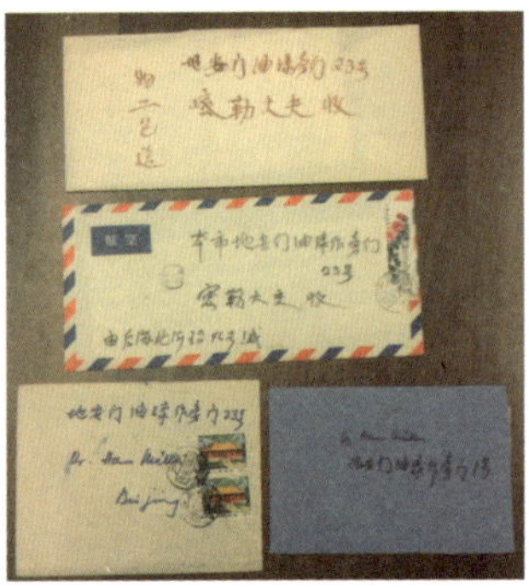

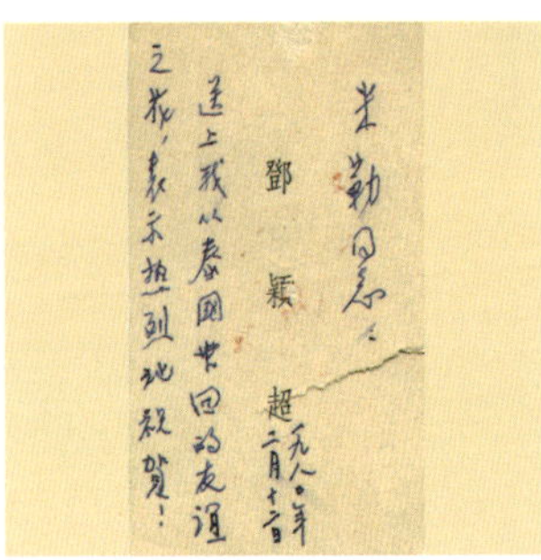

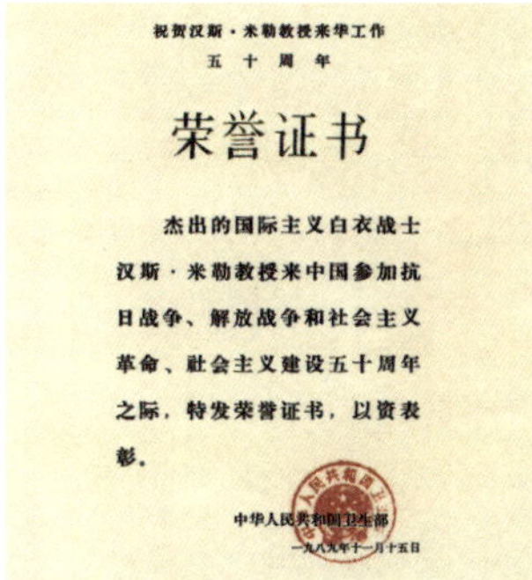
祝贺汉斯·米勒教授来华工作
五 十 周 年

荣誉证书

杰出的国际主义白衣战士汉斯·米勒教授来中国参加抗日战争、解放战争和社会主义革命、社会主义建设五十周年之际，特发荣誉证书，以资表彰。

中华人民共和国卫生部
一九八九年十一月十五日

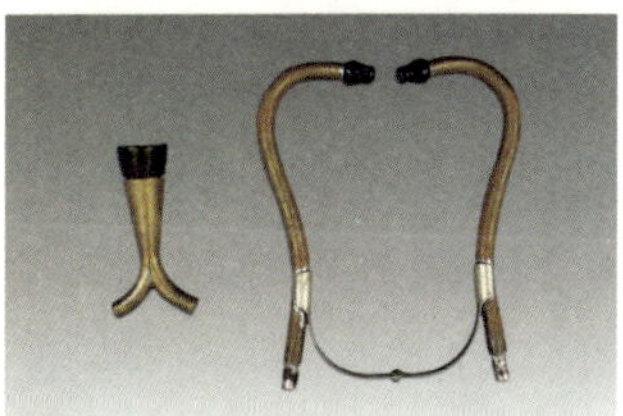

位于卢沟桥畔的中国人民抗日战争纪念馆

序　曲

对我而言，2015 年是个大日子。2015 年是世界反法西斯战争胜利 70 周年，也是中国人民抗日战争胜利 70 周年，同时，还是我的丈夫汉斯 · 米勒（Hans-Kurt Müller）的百年诞辰。

在这个值得纪念的日子日益临近之际，回顾我们俩——分别来自日本与德国的“洋八路”与中国的缘分，记忆的闸门骤然开启，往事一一浮现眼前，越来越近，越来越清晰……

曲一　参观抗战纪念展

我是日本人，今年 85 岁，属马，定居北京，是北京积水潭医院的离休干部。自从 1945 年从日本福冈来到中国，至今已经 70 年了。

2014 年 9 月，中国政府在北京举行了隆重的纪念抗战胜利 69 周年活动。那一天，我作为特邀嘉宾出席了活动，我是受邀嘉宾中唯一的一位日本人。

活动开始前，习近平主席等领导人与参加仪式的抗战老战士和老同志、抗战烈士亲属、为抗战胜利作出贡献的

中村京子的离休证

“伟大贡献——中国与世界反法西斯战争”专题展

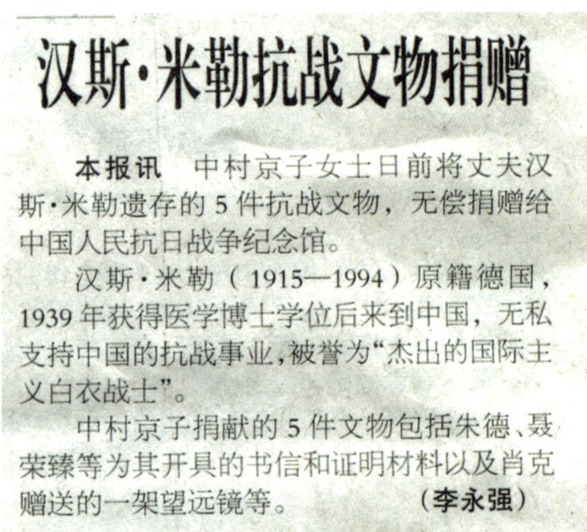

汉斯·米勒抗战文物捐赠

本报讯 中村京子女士日前将丈夫汉斯·米勒遗存的5件抗战文物，无偿捐赠给中国人民抗日战争纪念馆。

汉斯·米勒（1915—1994）原籍德国，1939年获得医学博士学位后来到中国，无私支持中国的抗战事业，被誉为“杰出的国际主义白衣战士”。

中村京子捐献的5件文物包括朱德、聂荣臻等为其开具的书信和证明材料以及肖克赠送的一架望远镜等。 **（李永强）**

2007年5月29日《人民日报》海外版刊登中村捐赠文物信息的剪报

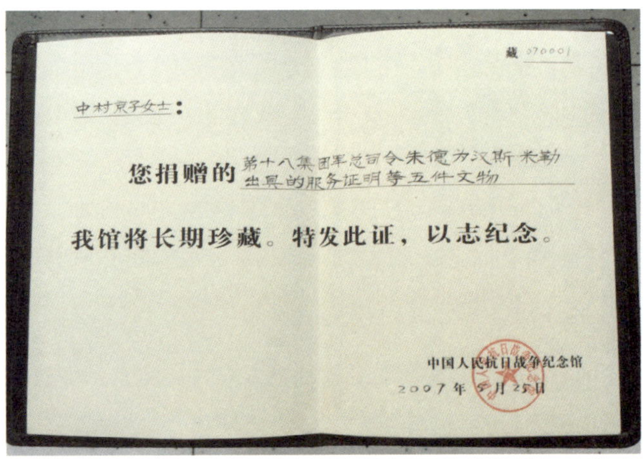

藏 070001

中村京子女士：

您捐赠的 第十八集团军总司令朱德为汉斯·米勒出具的服务证明等五件文物

我馆将长期珍藏。特发此证，以志纪念。

中国人民抗日战争纪念馆

2007年5月25日

中国人民抗日战争纪念馆颁发给中村的捐赠证书

国际友人遗属代表亲切会面。纪念仪式后，习近平等党和国家领导人与各界代表走进展厅，参观“伟大贡献——中国与世界反法西斯战争”专题展览。

该展览中，有五件展品是我的捐献，那是我丈夫米勒一直珍藏着的抗战纪念品。

曲二　我捐赠的五件文物

我捐赠的五件文物是：

1. 一份贴着米勒照片由朱德总司令签名盖章的证明书，证明了米勒在第十八集团军中的服务经历和职务：

证明书

米勒大夫自民国二十八年（一九三九）十月一日起，迄民国三十四年（一九四五）九月一日止，在第十八集团军卫生部服务，为少校医官。

抗日战争结束后，应米勒大夫本人之请求，准其离职，并对其服务本军，表示感谢。特此证明，希予查照。

第十八集团军总司令 朱德

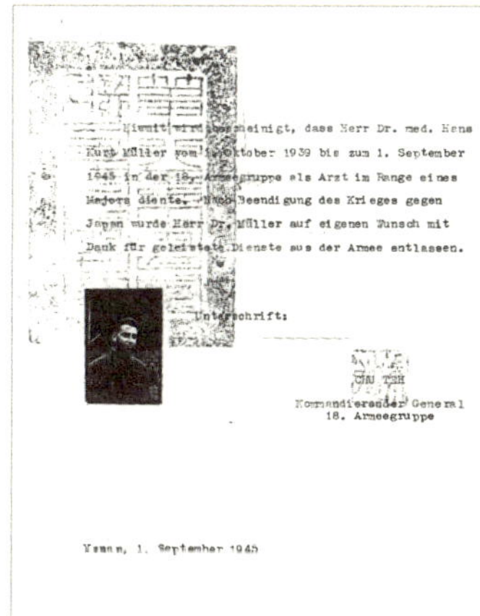

Hiermit wird bescheinigt, dass Herr Dr. med. Hans Kurt Müller vom 1. Oktober 1939 bis zum 1. September 1945 in der 18. Armeegruppe als Arzt im Range eines Majors diente. Nach Beendigung des Krieges gegen Japan wurde Herr Dr. Müller auf eigenen Wunsch mit Dank für geleistete Dienste aus der Armee entlassen.

Unterschrift:

CHU TEH

Kommandierender General
18. Armeegruppe

Yenan, 1. September 1945

朱德签署的米勒在第十八集团军服务的证明书（德文版）

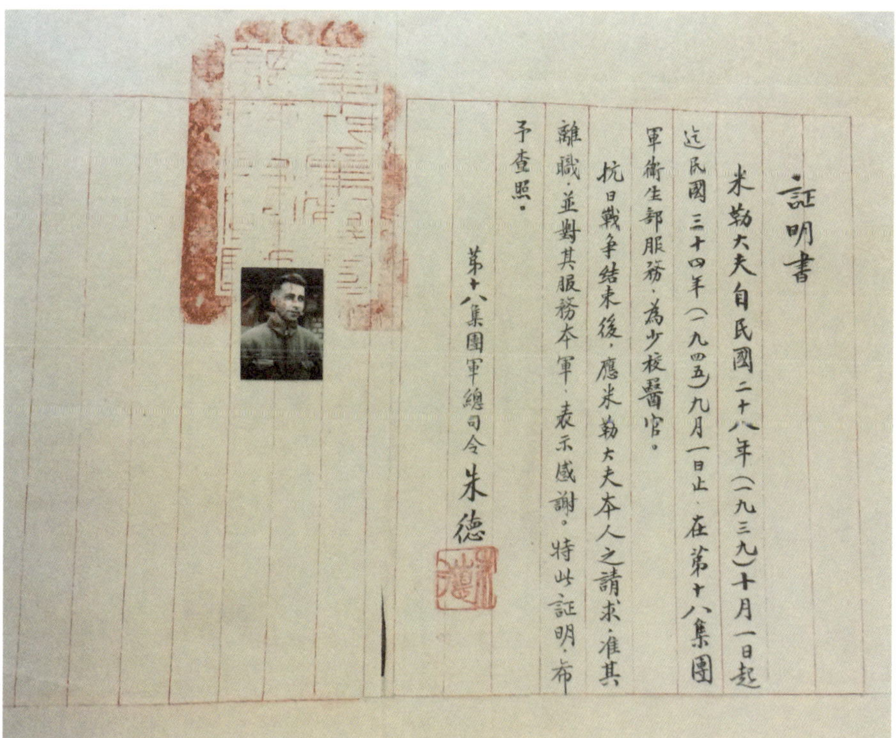

證明書

米勒大夫自民國二十八年（一九三九）十月一日起迄民國三十四年（一九四五）九月一日止，在第十八集團軍衛生部服務，為少校醫官。

抗日戰爭結束後，應米勒大夫本人之請求，准其離職，並對其服務本軍，表示感謝，特此證明，希予查照。

第十八集團軍總司令 朱德

朱德签署的米勒在第十八集团军服务的证明书（中文版）

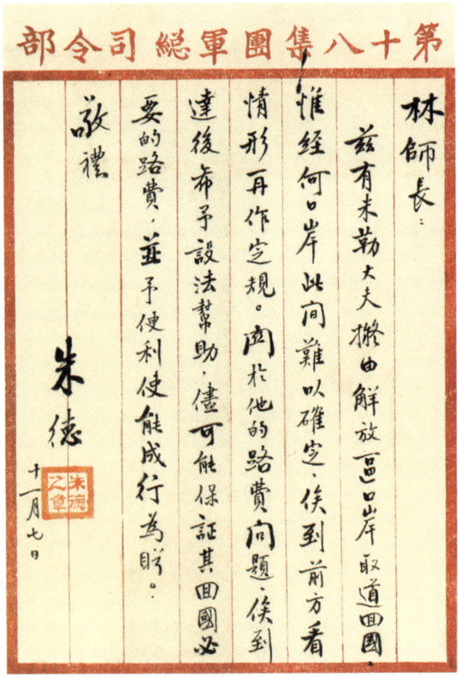
第十八集團軍總司令部

林師長：

茲有米勒大夫擬由解放區口岸取道回國，惟經何口岸此間難以確定，俟到前方看情形再作定規。關於他的路費問題，俟到達後希予設法幫助，儘可能保証其回國必要的路費，並予便利使能成行為盼。

敬禮

朱德

十一月七日

朱德写给林彪请其给予米勒帮助的信

2. 一封朱德写给林彪的信，请求为米勒回国提供便利：

林师长：

　　兹有米勒大夫拟由解放区口岸取道回国惟经何口岸此间难以确定，俟到前方看情形再作定规。关于他的路费问题，俟到达后希予设法帮助，尽可能保证其回国必要的路费，并予便利使能成行为盼。

　　敬礼

朱德

十一月七日

3. 一封由聂荣臻写给林彪的信和信封，也是希望为米勒回国提供帮助的：

林彪同志：

　　米勒大夫路经东北返国，此间因无美金，发

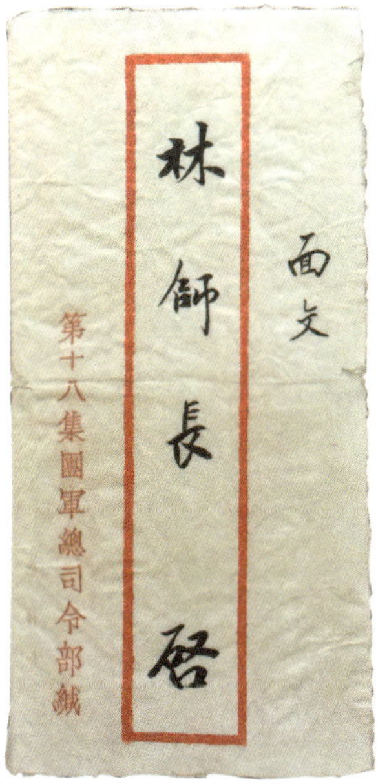

聂荣臻给林彪信的信封

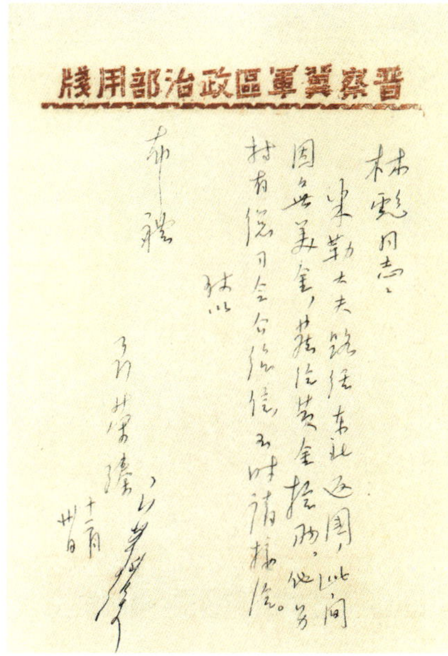

聂荣臻写给林彪请其对米勒回国给予经济资助的信

给黄金拾两。他另持有总司令介绍信，到时请接洽。

致以

布礼

聂荣臻

十一月卅日

4. 一份由第十八集团军卫生部长苏井观为米勒写的服务证明书，详细记录了米勒在抗战期间的服务经历：

服务证明书

医学博士米勒少校自一九三九年九月一日起以军队外科医生之资格参加第十八集团军工作直到抗日战争胜利，在上述期间其工作详情如下：

自一九三九年九月一日至一九三九年十月卅日任陕甘宁边区国际和平医院外科医生。（延安）

自一九四〇年一月一日至一九四一年八月十五日任晋东南国际和平医院外科及内科指导医

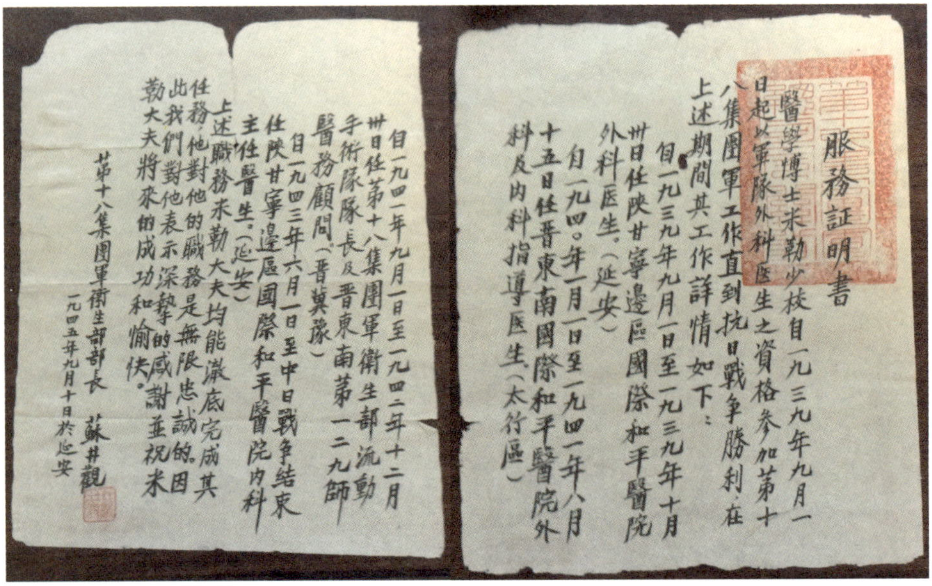

服務証明書

醫學博士米勒少校自一九三九年九月一日起以軍隊外科医生之資格参加第十八集團軍工作直到抗日戰爭勝利在上述期間其工作詳情如下：

自一九三九年九月一日至一九三九年十月卅日任陝甘寧邊區國際和平醫院外科医生。（延安）

自一九四〇年一月一日至一九四一年八月十五日任晋東南國際和平醫院外科及内科指導医生。（太行區）

自一九四一年九月一日至一九四二年十二月卅日任第十八集團軍衛生部流動手術隊隊長及晋東南第一二九師醫務顧問（晋冀豫）

自一九四三年六月一日至中日戰爭結束任陝甘寧邊區國際和平醫院内科主任醫生。（延安）

上述職務米勒大夫均能澈底完成其任務他對他的職務是無限忠誠的。因此我們對他表示深摯的感謝並祝米勒大夫將來的成功和愉快。

第十八集團軍衛生部部長 蘇井觀

一九四五年九月十日於延安

苏井观为米勒写的服务证明书（中文版）

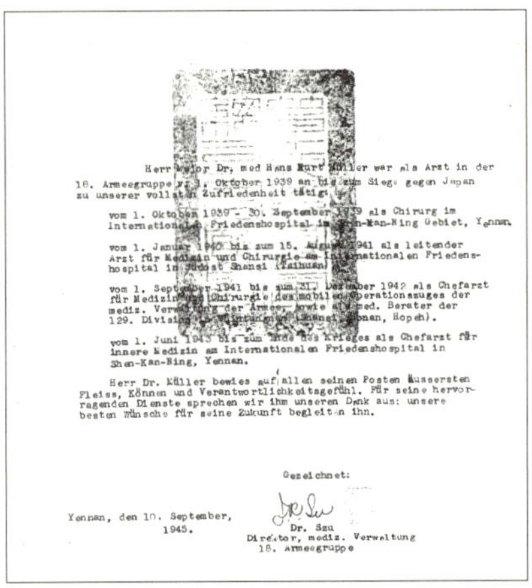

Herr Major Dr. med Hans Kurt Müller war als Arzt in der 18. Armeegruppe vom 1. Oktober 1939 an bis zum Siege gegen Japan zu unserer vollsten Zufriedenheit tätig:

vom 1. Oktober 1939 - 30. September 1939 als Chirurg im Internationalen Friedenshospital im Shen-Kan-Ning Gebiet, Yennan.

vom 1. Januar 1940 bis zum 15. August 1941 als leitender Arzt für Medizin und Chirurgie am Internationalen Friedenshospital in Südost Shansi (Taihuan)

vom 1. September 1941 bis zum 31. Dezember 1942 als Chefarzt für Medizin und Chirurgie des mobilen Operationszuges der mediz. Verwaltung der Armee, sowie als med. Berater der 129. Division [illegible] (Shansi, Honan, Hopeh).

vom 1. Juni 1943 bis zum Ende des Krieges als Chefarzt für innere Medizin am Internationalen Friedenshospital in Shen-Kan-Ning, Yennan.

Herr Dr. Müller bewies auf allen seinen Posten äussersten Fleiss, Können und Verantwortlichkeitsgefühl. Für seine hervorragenden Dienste sprechen wir ihm unseren Dank aus: unsere besten Wünsche für seine Zukunft begleiten ihn.

Gezeichnet:

Yennan, den 10. September, 1945.

Dr. Szu
Director, mediz. Verwaltung
18. Armeegruppe

苏井观为米勒写的服务证明书（德文版）

生。（太行区）

自一九四一年九月一日至一九四二年十二月卅日任第十八集团军卫生部流动手术队队长及晋东南第一二九师医务顾问。（晋冀豫）

自一九四三年六月一日至中日战争结束任陕甘宁边区国际和平医院内科主任医生。（延安）

上述职务米勒大夫均能彻底完成其任务，他对他的职务是无限忠诚的。因此我们对他表示深挚的感谢并祝米勒大夫将来的成功和愉快。

第十八集团军卫生部部长　苏井观

一九四五年九月十日于延安

5. 萧克将军赠给米勒的望远镜。它是米勒与萧克将军在共同抗战中深厚友谊的见证。

上述五件文物，不仅证明了我的丈夫汉斯·米勒在抗日战争期间的服务经历与奉献，也记录了他在那艰苦卓绝的岁月中付出的努力与奋斗。

萧克赠给米勒的望远镜

曲三　X 光机背后的故事

此外，在抗日战争纪念馆中有一个展柜，里面陈列着一台大型 X 光机。展柜的背景是一张巨幅照片，照片上那位为伤病员透视的大夫就是我的丈夫米勒。

关于这张照片和这台机器，有着一段感人的故事：

1944 年，抗日战争进入艰苦卓绝的关键时刻，宋庆龄领导的保卫中国同盟加紧工作，努力为支援国际和平医院项目募捐。南洋爱国华侨组织积极响应宋庆龄的号召，捐赠了一台大型 X 光机，几经周折运到了重庆，希望尽快运往目的地延安。宋庆龄与时任盟军中国战区参谋长的史迪威将军商量，请求他提供帮助。

史迪威将军十分钦佩宋庆龄的人品和精神，一口答应，决定用定期飞往延安的美军军用飞机运送 X 光机。

由于 X 光机太大，无法进入军用飞机的舱门，于是，史迪威将军下令将飞机舱门改大，结果改大了的舱门尺寸还是差了一点点，机器怎么也进不去。为了减少周折，最

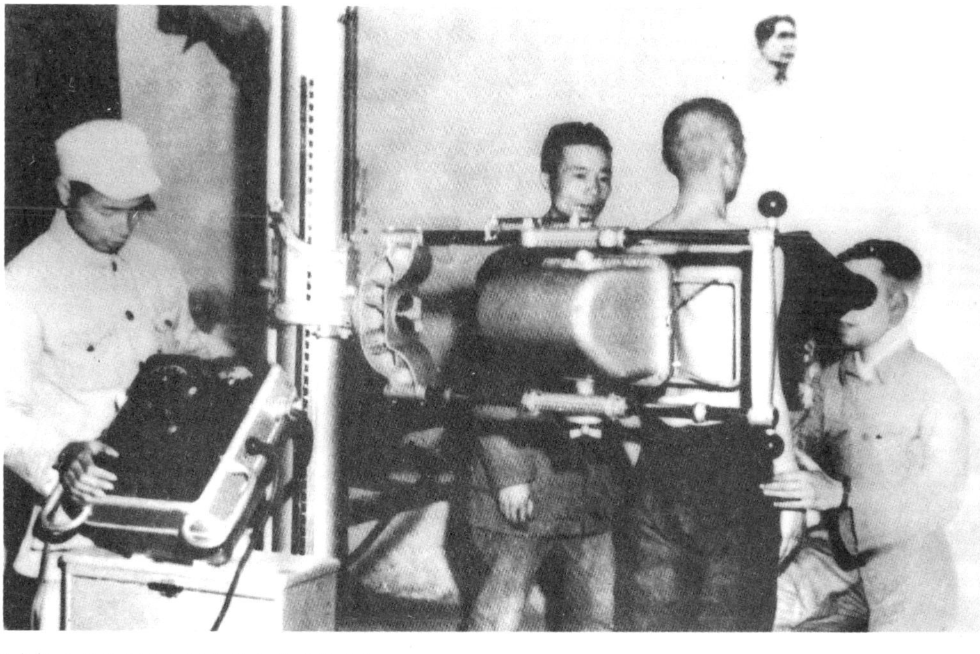

X 光机右侧给病人做透视的就是米勒大夫

宋庆龄感谢史迪威将军对中国抗日战争与“保盟”工作的支持

后临时决定将整机以外的一些附件予以拆卸，待整机运抵医院后再行安装。就这样，这台大型 X 光机终于运到了延安国际和平医院，而负责将拆下的部件重新安装并进行调试的就是米勒。

这台大型 X 光机器，在当时的延安真是个了不起的宝贝，发挥了不小的作用。照片上，米勒大夫正在为伤员透视，协助米大夫的那位，是国际和平医院的院长鲁之俊。

一件件文物，一张张照片，记录了我丈夫米勒为抗击法西斯侵略，赢得中国抗日战争的胜利，从德国来到中国的延安以及在晋东南国际和平医院和战地医疗队付出的努力和历经的艰难困苦。

我曾不止一次到纪念馆去，专程看望与我丈夫密切相关的珍贵文物。当我仔细地反反复复地看着这些我十分熟悉的文物时，米勒对我讲述过的他在抗战中的往事，一幕幕清晰地浮现在我眼前，我的思绪会不由自主地回到 70 年前，回到当年我从日本来到中国的情景。

一、中国相遇

我的丈夫米勒，1939 年来到中国，他抱着一个十分明确的目的，那就是上前线，去战斗，坚决反对法西斯！而我却不同，我当年来中国，是为了追梦。

我从日本到中国

我的家乡在日本九州福冈县三潴郡西牟田，父母和哥哥都是勤劳的农民。父母共有五个孩子，我排行老三，上面有一个哥哥、一个姐姐，下面有两个弟弟。我小的时候特别喜欢听外祖父讲童话故事，比较单纯，比较爱幻想。

在我初中毕业的那年，家乡的上空可以看见美国 B24 型轰炸机飞来，也曾看见过飞机扔下炸弹。这年 3 月，学校告诉我们，“南满铁路”护士学校在全国广泛招募学员，说是学习三年毕业后，须在“满洲”服务三年，之后可以在当地或回国找到好的工作。

成为一名白衣天使是我儿时就有的梦想，医务人员的白色服装一直深深吸引着我。我认为自己是家中的女孩子，不被重视，当时情况下，在家乡继续读书根本不可能了，还不如到“满洲”去读护士学校。当时的想法很简单，就是想看看外面的世界，也是为了圆我童年就有的梦想。于是，我瞒着父母和家人，与一个邻居也是同学一起，下决心报名去“满铁”护校。

记得当时我们学校共有五个同学报名，经过考试，然后体检，我与另外三个同学都顺利通过了。当录取通知下来后，家里才知道我报名到“满铁”护校的事。

母亲和姥姥坚决反对，不同意我去，其他人都表示十分惊讶！他们无论如何也想不到，我怎么会瞒着家人作出这么重大的决定！可是我的决心很大，不管谁反对，我都不听。我说，通知都来了，我必须要去！父亲没有说什么，但是他特意为我去刻了一枚象牙印章，让我带在身边。当时我没有多想，也并不理解父亲为什么要给我这枚印章。这枚印章陪伴着我走东到西，历经多次大小战役，几经迁徙，风风雨雨这么多年过去了，依然完好无损，也没有丢失！至今我都感到惊奇，因为我似乎并没有刻意珍藏保管它，可是它确确实实始终陪伴着我。几十年之后，姐姐告诉我，父亲对我和姐姐的爱一点不亚于对我的兄弟们。我的同学也对我说，难道你不明白吗？这是你父亲给你的护身符，它一直保佑着你。

1945 年的 5 月份，那一年我 15 岁，带着简单的行李，告别了双亲与兄弟姐妹，从福冈县的博多港，乘船渡过对马海峡，经朝鲜釜山后，转乘火车直抵沈阳“满铁”总部报到。在我离开家乡时，我没有多想，更没有想到将从此定居中国。然而，这一别，竟然是我人生的一大转折，开启了我与中国的缘分。

父亲为中村去中国特意刻制的印章

“满铁”护校的痛苦记忆

初到中国的沈阳，人生地不熟。万幸的是，我遇到了一个好人——清水。清水来自本州，她姐姐是“满铁”护校前几届的毕业生，后到了“满铁”医院病理科工作。清水比我们早到了几天，所以，学校派她来车站迎接新同学，她热情地帮助我拿行李，安排住宿。

当时，我们的去向可以有三个选择：沈阳、天津和锦州。因为我们来自福冈，据说福冈的气候与锦州相似，容易适应，所以我们从福冈来的四位同学一同被分派到了“满铁”医院附属的锦州护校。清水与我两人编在了一个组，干什么都在一起。

远离家乡是我自己的选择，度过适应在国外的生活关我早有准备，我从小生长在农村，吃苦、受累都不怕。紧张的学习生活我也不怕，繁重的功课反而激起我强烈的求知欲望和学习兴趣。但令我没有想到也无法忍受的却是高年级同学的刁难与欺负。

在我到锦州报到的当天晚上，高年级同学就给了我们一个下马威！忘了是因为一件什么小事，我们新同学中的一位，竟被老生惩罚了！她们还扬言，如果新同学不听老同学的话，将受到更加严厉的处罚！记得当时新生面面相觑，大家吓得不敢出声。清水告诉我：“我们可以不怕，因为我姐姐在学校的病理科工作，我们经常到她那里去，和她在一起，让高班同学看到。她们怕老师，就不敢欺负我们了。”我心里有些踏实了。我对清水说：“将来我们对新来的同学一定不能学她们的样。”

不久，清水有个姐姐在“满铁”医院病理科工作的消息在高班同学间传开了，大家也知道我是清水的好朋友，所以多次发生的惩处新生的事件暂时没有落到我俩身上。

可是好景不长，惩罚终于降临了。

一天，轮到我去皮肤科学习，我按规定提前去皮肤科诊室。我看见两个高班同学已经在那里擦地，我赶紧拿起抹布擦洗桌子，并且倒了废纸篓、痰盂，一直干到上课。谁知当天晚上，我被第四期学员叫到一间宿舍，只见高班同学满满一屋子，还没等我反应过来，凶横的大声喝叫声“跪下！跪下！”响成一片。我一下子不知该怎么办才好，想起清水说过的“斗不过她们”的话，只得勉强跪下。可是我不服气地问：“我做错了什么?”只见早上在皮肤科诊室先到擦地板的高班学生指着我厉声说：“你没做错？今天早上我们在擦地，你为什么不去擦地而擦桌子？我们早就宣布过，重的、脏的、累的活应该由新同学干，你为什么不来接替我们擦地?”我这才明白她们为什么不满。可是我仍然不服气，因为我处理了倒痰盂等最脏的活。我辩解说：“我不懂这个规矩，可是我干了别的重活和脏活。”有人追问：“你干了什么了?”我说：“倒了痰盂和纸篓。”一个“主审”模样的同学问两位揭发者：是否有这事？揭发者回答说“是的”。我想起清水曾告诉我，不要顶撞，不要给她们抓住把柄，于是我说：“我确实不知道这个规矩，今天我知道了，下次我一定先去擦地。”

“主审官”与周围几个学生耳语了几句，最后下达了判决：念我是初犯，不懂规矩，态度还算老实，免了此次惩罚，下次再犯，必定重罚！

离开高班同学宿舍后，在门外，刚才那位“主审官”轻声对我说，她也是九州福冈来的。她叫我下次小心点，不要让人抓到把柄。我又气又感激，气愤的是告密者无理取闹，感激的是高班同学中还有心地善良的老乡！

锦州护校的日子在十分压抑和担惊受怕的气氛中一天天度过。虽然处在恐惧与不安的学习环境中，可我的护理知识和汉语水平还是有了不小的进步。

得知日本战败

不久，传来了日本投降的消息。1945 年 8 月 15 日，天皇发表了日本投降的宣言。校长把全校师生集合在一起收听了这个宣言。听到这个消息后，我心里怕极了，不知道今后我该怎么办，也不知道远在日本的家人现在情况怎么样了。

我所在的锦州与全东北一样，出现了混乱的局面。愤怒的东北老百姓积压在心中的仇恨一下子迸发出来，他们为亲人复仇的怒火一发而不可收，很多日本侨民和日本平民的商店成为他们泄愤的目标。学校告诫我们不要外出，特别在晚上，一定不能开灯，不能让人知道学校里有一批日本女学生。

我们这批新学员，本来就生活在恐惧之中，这下就更加不安了。我们度日如年，天天盼望着苏联占领军尽早安排船只送我们返回日本。可是时间一天一天过去，苏联军队根本无暇顾及我们小小的护校。

在混乱而动荡的时局中，我们心急如焚，如坐针毡。

参加八路军

一个初秋的早晨，学校通知全体师生集合。我与大家一起整队到达会场时，看见台上站着几个穿军装的中国军人。我心想，作为战败国的成员，我们大约要被抓起来了吧？不知会如何处置我们？我越想越害怕。

通过翻译，我明白了台上军人的话。他说："我们是八路军，是中国共产党领导的军队。现在领导上派我们来正式接管你们的学校。同时，我们也号召你们参加我们的工作。世界大战结束了，日本代表重光葵已经正式在美国军舰密苏里号上签字投降。日本军阀把战争引向中国，引向东南亚，引向世界，现在失败了，它不仅给中国人民带来灾难，也给你们日本人民带来了灾难。"

我第一次听说所向无敌的日本皇军给日本人民带来了灾难。我不懂他说话的意思，但是我想起日本食品日益减少，在家乡经常看到寡妇背着阵亡亲人的骨灰盒……我本能地感到这是一场灾难。

台上的中国军人继续说："我们将保证你们的安全。现在我们的军队正在与国民党的军队打仗，我们需要大批的医务人员。如果你们愿意参加我们的工作，我们非常欢迎，你们将仍旧干你们的医务工作。如果你们要求回日本，我们可以安排。请你们尽快考虑后，告诉我们你们的决定。"他特别强调，回国或留下，都可自愿选择，让我们自愿作出自己的决定。

从这一天开始，学校门口有了站岗的中国士兵，负责保护学校和全校师生的安全。学校恢复了正常的秩序，并让日籍人员继续工作。此时，陆续进来一些八路军的伤病员，我们按照八路军的要求，参加抢救和护理工作。看到八路军纪律严明，待人友善，我和同学们的心开始舒展开来，但是又必须马上作出自己的决定。

我发现，这批中国军人十分和蔼可亲，他们的上下级关系很融洽，我甚至看到一个士兵向他的长官开玩笑打闹。

这与我见惯了的日本军队中军官殴打士兵，老兵训斥新兵，老学生压迫新学生的情况完全不同。我开始喜欢上这支军队了。

更重要的是我无处可去。清水明确地表示她要回国去，她的父母与姐姐都在锦州，她必须随同家人一道行动。另一个同学在北票有一个叔叔，她表示可以带我一起去投奔她的叔叔，与她的叔叔一起回日本。可是我不愿意给她们添麻烦。在这动荡的日子里，大家都很困难，我还年轻，必须靠自己的努力生存下去，我不能再为难别人，更何况我对这支军队不反感。我并不认为自己回到战败的日本会有更好的机会。相反，自己参加了这支被佐佐木称为“钻山沟的军队”，说不定也不错呢，我还是非常喜欢自己所学的护理工作的。

就在我们还在讨论、犹豫之际，部队奉命开拔的通知下达了。国民党军队已经占领山海关，正向锦州开来。八路军按照党中央的指示“让开大路，占领两厢”，放弃了铁路沿线上的战略要地，向铁路两侧的广大乡村和中小城市转移。在那里发动群众，建立政权，扩大队伍，积聚力量。

有一天晚上，担任院长的八路军领导突然召集全体人员开会，说，部队通知，准备撤退，我们的部队非常需要医护人员，希望大家支援八路军的工作。决心参加部队工作的，愿意跟八路军走的，当晚6点到医院门口集合。不愿意走的，可以留下，将由地方政府安排返回日本。

下决心的时候到了。

现实，虽使我恐惧、不安，可是也给了我一丝安慰，就是我可以不再受高班同学的欺负了！我下定了决心，要跟着这支“钻山沟的队伍”走！

我发现学校有亲属或家在当地的人选择了留下，等待返回日本，像我这样孤身一人的师生作出了和我一样的决定。于是，我随部队到了北票。同时撤离锦州的还有日本红十字会医院和其他一些医院的医务人员，到了北票后，他们才与我们分开。

北票是锦州西北一个盛产煤的山区，它有辽东平原的粮食和本地的煤炭，地势险要，八路军决定以此为暂时立足地。

八路军为我们请来了两名日本人民解放联盟盟员来担任协理员，这些盟员是在抗战中被八路军俘虏后送往延安学习的。日本投降后，在延安的将近300名盟员，响应野坂参三（当时日共领导人）的号召，纷纷开赴前线，帮助八路军进行受降工作。其中两位分配在我们护校工作。

参加部队后的第一阶段就是参加学习班。在学习班上，我第一次懂得什么是法西斯，什么是帝国主义。我开始努

穿军装的中村（右）与战友佐佐木

力理解“革命”、“解放”等词语的含义，开始产生了一种日本对中国欠债的负疚感；开始理解为什么中国人痛恨日本人。我逐渐了解了日本军队给中国带来的灾难。我对教员讲的道理很听得进，也能够理解。

在学习班学习的时间很短。我不仅接触了从延安来的日本人民解放联盟盟员，也接触了八路军的管理人员。这支中国军队，一点不像我见过的日本军队，个个和蔼可亲，他们都把我当作小妹妹一样，对我很关心、爱护。他们纠正我的汉语发音，同我一起打球、玩耍，使我在很短的时间里消除了恐惧，越来越喜欢这支队伍了。

转眼到了1945年的冬天，国民党军队向阜新、朝阳、建平、凌源一线进攻。我们的护校再次奉命从北票向冀察热辽北面的林西前进。

我随着部队继续北撤，时而乘车，时而徒步行军，经过赤峰、乌丹（现称翁牛特旗）等地，长途跋涉来到辽西和内蒙古交界的林西。

在行军时，领导上为了减少不必要的麻烦，为我们这些日本姑娘全都换上了中国服装，并由几位懂日语的中国军官走在最后。他们不时问我们是否走得动，还帮我们代背小包以减轻我们行军时的负担。这一切，都使我感到亲切与温暖，更坚定了我要参加这支队伍的决心。

当队伍在一个小城休整时，我与其他师生一起，被批准参加了八路军。我穿上了军装，从此，我正式成为中国革命军队中的一员了。

最年轻的“小八路”

在林西边上的大营子，有一所八路军的后方医院——冀察热辽军区后方医院，我被安排到了这里工作，投入到了和中国医护人员一起抢救伤员的紧张工作之中。

我参军后，在林西大营子后方医院的手术室工作了将近一年。医院临时设在一个天主教堂里的一排附楼，里面是一条大炕，住着轻病号 50 多人，重病号则安置在附近的老百姓家里。

当时，林西和大营子一带形势很复杂，土匪很多，有时八路军外出执行任务会被暗杀。我们后方医院所在的天主教堂的神父是个特务，暗通国民党，设有电台，每天向国民党通风报信。因此，八路军既要与国民党军队和土匪作战，又要同国民党特务斗争。我头一次经历了异国战争和这种复杂的情况，也经受了艰苦的生活。

东北很冷，屋子里都会结冰。记得刚到后方医院时，我一觉醒来，发现昨晚我们每个人晾在屋里绳子上的毛巾下都挂着一溜一溜的冰柱。

我们睡觉是在一大间屋子里的一溜大炕，需要我们自己烧，而且没有煤，得自己去树林里捡拾树枝、干柴等回来烧了取暖。因为屋大、炕大，很难烧热。我们每个人，每天下班之后，都必须参加捡拾柴火的工作。有一次，我实在太累了，就想偷懒，去向教官请假，说我身体不舒服。教官不准假，他对我说，你看看，你年纪最小，比你大得多的老同志都不怕累，你真的不舒服吗？我没办法，只能跟大家一起下班后去树林里拾柴火。

有一次，我们外出巡诊，住在了老百姓的家里，老百姓家的炕不大，所以很热。可是同宿舍的同志们，还以为是我们自己医院那烧不热的大炕，照顾我，说我年纪小，怕冻着我，让我睡在了炕头。结果早晨醒来后，大家看着我直笑。原来我因为内热，鼻子出血，由于我太困了，睡得很香，根本不觉得自己鼻子出血，结果鼻血从鼻子流到下巴，经过一夜，鼻血干后成了一条血嘎嘣，留在我的脸上和下巴上。从此，在老百姓家里，我再也不敢睡在炕头，总是赶紧睡到炕的最里面去。

我们吃的主要是小米、咸菜和菜汤，偶尔改善生活吃一顿肉，大多是羊肉。而我从不吃羊肉，连羊肉味儿都不能闻。每次一到吃羊肉，我就很痛苦。后来慢慢地，能够吃些炖羊肉里面的萝卜或者土豆。可是羊肉还是不吃。所以，我的肚子总是觉得饿。

我们穿的棉衣也需要自己动手。医院统一发给我们棉衣的外壳和一堆碎羊皮，每个人都得把碎羊皮填进去然后缝好。我不会针线活，凑合着填进碎羊皮后，马马虎虎缝上就穿了。没几天，碎羊皮全坠到了衣服的下面，年纪大的同志就让我脱下衣服，她们帮我重新缝一遍。

虽然，我是医院里年纪最小的一个，但是也很快适应了八路军的工作与生活。

在参加八路军的头两年中，令我最受教育和感动的是，八路军严明的纪律和军民之间深厚的情谊。我看到部队每到一地，从不欺侮打骂群众，更不抢夺老百姓的东西，严格遵守“三大纪律、八项注意”，不拿群众一针一线。我曾亲眼看见一个战士借来老百姓的针线缝补衣服，用完后认真归还。这给我留下了深刻印象。而且部队的干部和战士，一住到群众家里，就帮助挑水扫院子，走时又把东西归还清楚，把屋子、院子打扫干净。我明白了，这样的军队不同于日本军队和国民党的军队，因此受到老百姓的拥护。

我还看到，驻地大营子和行军所经过的地方，老百姓的生活都很艰苦，甚至吃不饱饭。可是，部队一到，他们就主动腾房子，卸下门板给搭手术台。部队缺什么，他们就毫不犹豫地想尽办法给寻找。八路军转移时，他们不顾一切地跟着抬担架、运送粮食和弹药。

我就在这种紧张与危险之中，参加了后方医院和前线手术队的工作，参加了四平、平泉、隆化等战役的抢救工

最年轻的“小八路”中村

作，参加了四次大的转移行动，经历了东北解放战争和整个辽沈战役。

我逐渐适应了战地工作，我与同事、战友们相处得很融洽。在革命军队这个大家庭中，大家都把我当小妹妹或自己的小辈，关心我，爱护我，使我感到很温暖。我认为自己当初的选择是对的。

“大鼻子”队长

时间过得很快，转眼到了1947年6月，刘邓大军挥师渡过黄河，揭开了中国人民解放军战略反攻的序幕。东北战场经过了三下江南、四保临江的艰苦斗争，扭转了战局，东北民主联军掌握了战场的主动权，随着战事的扭转，战地医务工作也越发繁重，我被从后方医院调到前线手术队报到。这一年我17岁。

记得我前去报到的时候，首先出现在我面前的是一位高个子、大鼻子的外国人，我还以为自己走错了门。正当我犹豫之时，那位外国人问我找谁？我说，找手术队长。他说，他本人就是！

我不敢相信，以为他对我开玩笑。可是他肯定地说，他就是。同时问我，有什么事？

我赶紧再次敬礼，报告说：“我叫中村京子，锦州护校毕业，1945年底参加部队，是后方医院派来参加前线手术队工作的护士。”随后，我双手递上自己的介绍信，并问他把我分配到什么岗位？队长告诉我，到手术室工作。他让我先找管理员安排住处，下午再来谈工作。

我心里十分好奇，怎么手术队长是个外国人？在下午的工作安排中，我的工作岗位明确了。从此，我成了这个高个子、大鼻子的手术队长的助手。很快，我就从手术队其他同志处得知了队长的来历。

“大鼻子”队长米勒

我给米勒当助手

“大鼻子”队长叫汉斯·米勒，是个德国人，为了支援中国人民反抗法西斯的斗争，1939年从瑞士来到中国。最早在延安国际和平医院工作，后来到了第十八集团军服务，是个医术高超的大夫。据说，很多患了疑难杂症的病人，都经他的妙手回了春。抗战胜利后，他准备经东北、苏联回国。在经过张家口时，国共内战爆发，他无法回国，在冀察热辽军区司令萧克和卫生部长李资平的挽留下，他担任了军区野战总医院的院长。后来形势紧急，他率领医院撤退到辽西的林西，又带领手术队活跃在前线。他是一位受到上上下下众人尊敬的人。米大夫的经历，让我对他肃然起敬。

我是个做任何事都很认真的人。初到手术队，而且是给这么有本事的手术队长当助手，可不能掉以轻心！我提醒自己，努力再努力，小心再小心，给他当助手，一定不能出错。

我的工作就是每天跟着他，当好助手。我发现他的手术十分利索，又快又细。一看就是个受过正规良好教育，同时经历过大量医疗实践、具有丰富经验的大夫。

当时由于条件有限，伤病员不是集中在一起，而是分别安排在不同的村落里，所以我每天跟着米大夫到各村去巡访伤病员，还经常走夜路。我发现米大夫是个特别敬业和认真细致的人，对每一个伤病员的情况他都仔细过问与查看，对伤口的处理也一丝不苟。遇到有伤病员伤口化脓，发出恶臭，他也不回避，不嫌弃。高难度的技术活自然由他处理，而且遇到脏活、累活，他也都抢先处理。他对伤病员从不摆架子，反而把上级给自己的特殊供应食品——小米、鸡蛋等，送给急需恢复体力的重伤员，自己与大家一起吃大灶伙食。

1943年米勒在延安

我发现他多次发生食道痉挛剧痛，痛得面无人色、虚汗淋漓，几近休克。多年后，他被确诊为食道下端痉挛。

米勒与中村摄于 1949 年

每当他过分劳累、伙食过粗，就会犯病。可是他依旧拼命工作，依旧把特供的伙食送给重伤员。我越来越佩服他、尊敬他。

由于工作的关系，我与他几乎形影不离，一同出诊、一同手术、一同吃饭，无论是出诊还是手术中，我们都配合得很默契。看得出来，他对我的工作十分满意。他还对我讲起了他的经历。

他来自海涅的故乡

米勒来自德国的文化名城——杜塞尔多夫，他与著名诗人海涅是同乡。

米勒是家中的独生子，他的父亲是犹太人，在希特勒上台之前，父亲曾拥有一家电器批发店，希特勒上台后对犹太人大举迫害，父亲被迫将批发店廉价出售給德国的日耳曼人。母亲的家族巴林来自日耳曼族中有名望的一支，外祖父的兄弟创建了第一条欧洲——美国的海运航线。米勒的父亲心地善良，母亲美丽端庄能干，一家三口过着幸福安宁的生活。父母对米勒这个独生子十分疼爱，一心盼望他成为一个有作为的人。

第一次世界大战破坏了米勒一家幸福安宁的生活。当米勒尚在娘胎里时，父亲就被征兵参加捍卫德国的战争，

米勒德国的家

直到1918年的一天，父亲带着一脸疤痕终于从战场回到了家中，恐怖的面容令米勒不敢与父亲相认！劫后余生，全家十分庆幸。

在米勒刚满六岁时，母亲就送他到一家私立小学读书。这是一家管理十分严格的学校，只收男生，不收女生，经常以体罚的方式约束学生，再调皮捣蛋的儿童都照收不拒。当时德国教育制度规定，普通小学为四年制，中学为九年制，米勒仅用三年就读完了四年的课程。

1924年，米勒进入杜塞尔多夫一所以德国总统兴登堡名字命名的著名学校。米勒踏入这所著名的中学校园时，深知父母对自己的殷殷期望，这对他是莫大的激励！他经常告诫自己，必须顽强、刻苦地学习，绝不能浪费一寸光阴！他出色地完成了学校规定的课程，还学习了拉丁文、希腊文、法文和英文。这一切提高了他的文化素养，拓展了他的知识面，为他在学业上的继续深造打下了扎实的基础。他一辈子酷爱读书的习惯就是在此时养成的。他在课余时间经常到森林里去阅读文学作品，对德国大诗人歌德与海涅的名篇爱不释手，歌德的《浮士德》、《维特与绿蒂》、《水上精灵之歌》，海涅的《星星们动也不动……》、《西里西亚的纺织工人》、《颂歌》等，都是他最爱的诗篇。

1933年，18岁的米勒顺利领到了兴登堡中学颁发的毕业证书。全家人怀着美好的希望准备让米勒进入大学深造。可是，此时的德国，政局混乱，阿道夫·希特勒攫取了最高权力，要求所有中学毕业后的青年，必须接受一年的劳动服役和军事训练，之后，才可以升入大学或者分配正式工作。

米勒的父亲西蒙·米勒

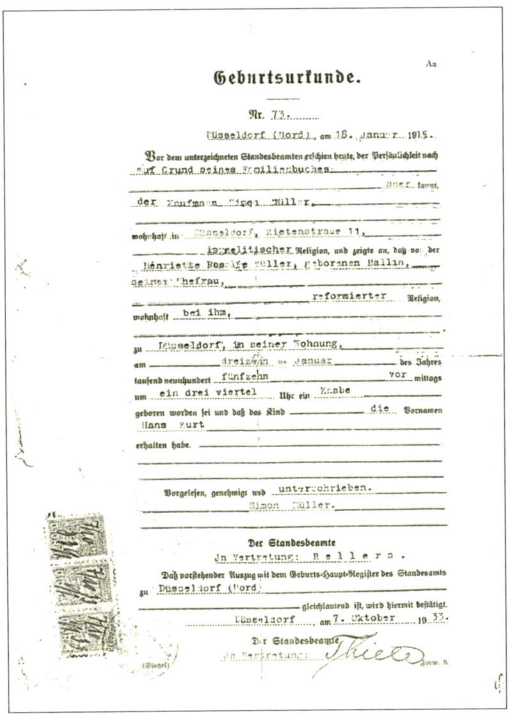

Aa

Geburtsurkunde.

Nr. 73.

Düsseldorf (Nord), am 18. Januar 1915.

Vor dem unterzeichneten Standesbeamten erschien heute, der Persönlichkeit nach auf Grund seines Familienbuches bekannt,

der Kaufmann Simon Müller,

wohnhaft in Düsseldorf, Zietenstraße 11,

israelitischer Religion, und zeigte an, daß von der Henriette Rosalie Müller, geborenen Ballin, seiner Ehefrau, reformierter Religion,

wohnhaft bei ihm,

zu Düsseldorf, in seiner Wohnung,

am dreizehn im Januar des Jahres tausend neunhundert fünfzehn vor mittags

um ein drei viertel Uhr ein Knabe

geboren worden sei und daß das Kind die Vornamen Hans Kurt

erhalten habe.

Vorgelesen, genehmigt und unterschrieben.

Simon Müller.

Der Standesbeamte

In Vertretung: Bellers.

Daß vorstehender Auszug mit dem Geburts-Haupt-Register des Standesamts zu Düsseldorf (Nord) gleichlautend ist, wird hiermit bestätigt.

Düsseldorf, am 7. Oktober 1933.

Der Standesbeamte

In Vertretung: Thiele

(Siegel)

Form. 8.

米勒的出生证

米勒的母亲亨丽埃特

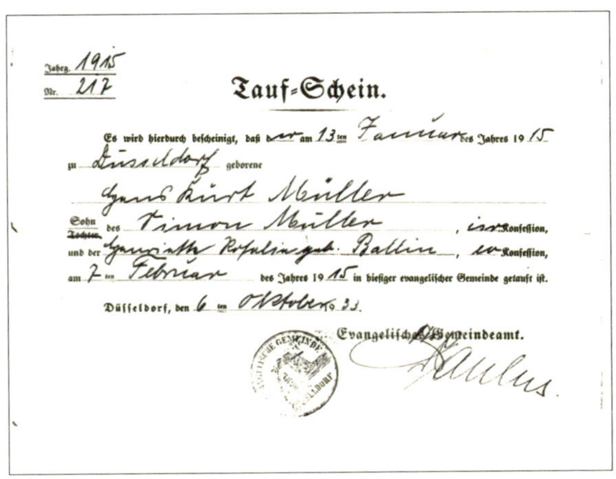

Jahrg. 1915

Nr. 217

Tauf-Schein.

Es wird hierdurch bescheinigt, daß der am 13ten Januar des Jahres 1915 zu Düsseldorf geborene

Hans Kurt Müller

Sohn des Simon Müller, isr. Konfession,

und der Henriette Rosalie geb. Ballin, ev. Konfession,

am 7ten Februar des Jahres 1915 in hiesiger evangelischer Gemeinde getauft ist.

Düsseldorf, den 6ten Oktober 1933.

Evangelisches Gemeindeamt.

米勒的耶稣教洗礼证书

儿时的米勒（左）与家人

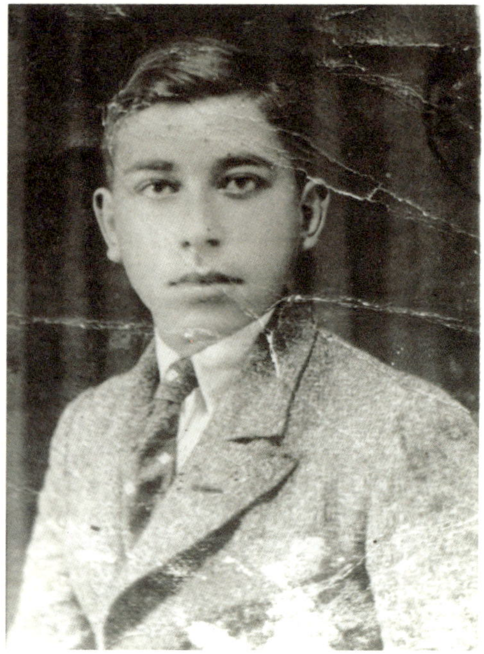

米勒的高中毕业照

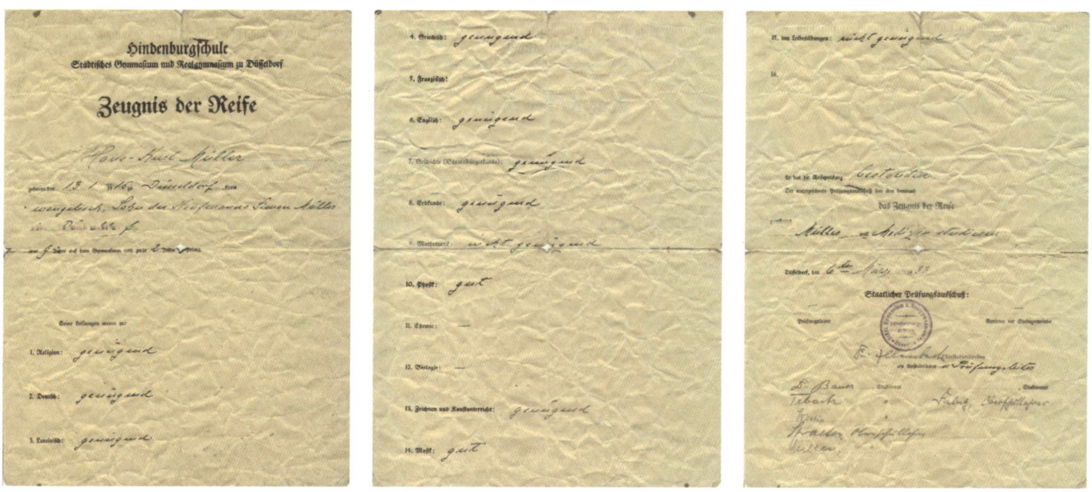

Hindenburgschule
Städtisches Gymnasium und Realgymnasium zu Düsseldorf
Zeugnis der Reife

米勒的高中毕业证书

逃出德国

米勒怀着十分复杂的心情来到劳动服务队，但不久，党卫军就准备将其中的犹太青年关进集中营。米勒属于半个犹太血统，如果继续待下去，只有被关进集中营。

米勒决定逃离这里。要从劳动服务队离开，可不是那么容易，况且米勒已经列入了关进集中营的名单。凭着机智和勇敢，以及其他伙伴的帮助，米勒设法逃离了劳动队，他守候在负责关押他的党卫军军官单独经过的小路旁，胁迫该军官为他开出了允许回家的离队证明。

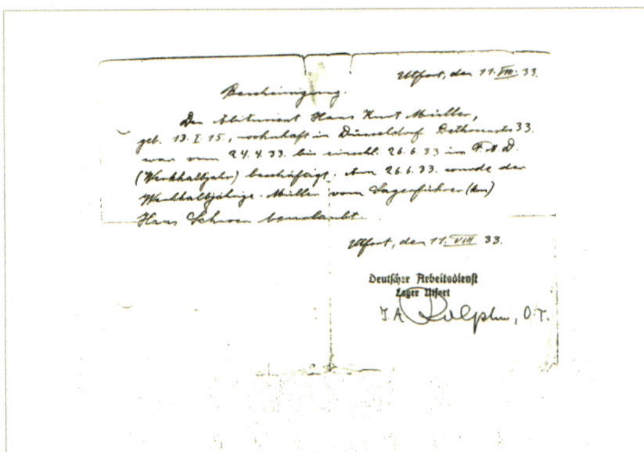
Deutscher Arbeitsdienst
Lager Uffort

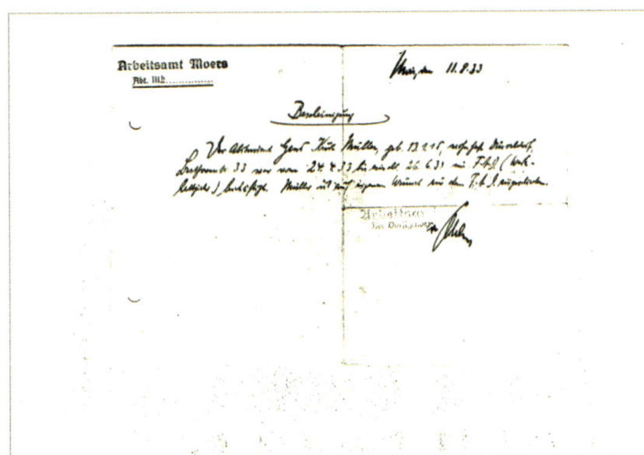
Arbeitsamt Moers

米勒的劳动队证明

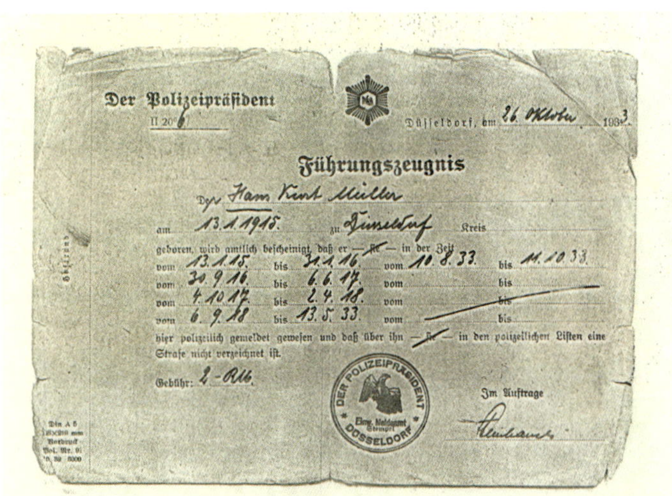
Der Polizeipräsident
Düsseldorf, den 26. Oktober 1933
Führungszeugnis
Der Hans Kurt Müller
am 13.1.1915 zu Düsseldorf Kreis
geboren, wird amtlich bescheinigt, daß er in der Zeit
vom 13.1.15 bis 31.1.16 vom 10.8.33 bis 11.10.33
vom 30.9.16 bis 6.6.17
vom 4.10.17 bis 2.4.18
vom 6.9.18 bis 13.5.33
hier polizeilich gemeldet gewesen und daß über ihn in den polizeilichen Listen eine Strafe nicht verzeichnet ist.
Gebühr: 2 RM
Im Auftrage
DER POLIZEIPRÄSIDENT DÜSSELDORF

DEUTSCHES REICH
REISEPASS
Nr. 831
NAME DES PASSINHABERS
Hans Kurt Müller
BEGLEITET VON SEINER EHEFRAU
UND VON KINDERN
STAATSANGEHÖRIGKEIT:
DEUTSCHES REICH

米勒的警察局证明

米勒的护照

米勒父亲关押过的德国集中营

米勒好不容易逃了出来，德国是待不下去了。父亲建议，可以去瑞士找自己的老朋友学医。父亲的那位老朋友在瑞士巴塞尔大学担任医学系的系主任。

要到瑞士去，就必须到德国警察署办理签证手续。当时，办理出国签证手续的机关，都在希特勒的秘密警察控制下，犹太人出境是很困难的。可是米勒离成功仅一步之遥了，他只能硬着头皮闯关。

米勒拿着出国护照递给办理签证的警察。警察接过护照问他："你是不是犹太人？"米勒急中生智，反攻为守，怒气冲冲地一拍桌子，大声喝道："什么犹太人不犹太人，快给我签！少啰嗦！"警察一下子被吓蒙了，糊里糊涂地急忙在他的护照上盖了章。米勒拿起护照还狠狠瞪了那个警察一眼，才怒气冲冲地走出去。

集中营焚尸炉

集中营毒气室

运送犹太人进集中营的铁轨

米勒从此逃离了德国，也逃过了法西斯集中营这道鬼门关。可是他的父亲却没这么幸运，他被关进了集中营，受尽折磨，直到希特勒灭亡后，才走出集中营。

因此，对于法西斯，对于战争，米勒从骨子里反对与憎恶。

瑞士学医

巴塞尔是瑞士的一个中等城市，位于瑞士与法国的边界，并与德国毗邻，是德国通往西欧各国的必经之地。

当时，大批德国人流入瑞士，因此瑞士当局规定，凡从德国来的留学生或旅游者，入境后必须先到警察局报到，并宣誓，保证遵守瑞士当局的限制条例：一、不得在瑞士找工作；二、不得以任何方式在瑞士赚钱；三、在瑞士的生活费用，限制在一定数额，每月需通过银行汇兑；四、不能申请加入瑞士籍，以及不得参加政治活动，等等。

米勒到达巴塞尔城后，按照瑞士当局的规定，首先到

在瑞士巴塞尔大学读书时的米勒

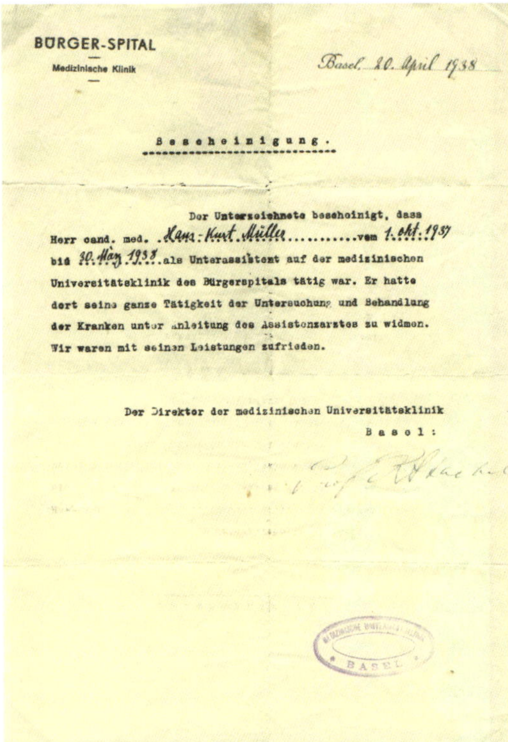

BÜRGER-SPITAL

Medizinische Klinik

Basel 20. April 1938

Bescheinigung.

Der Unterzeichnete bescheinigt, dass Herr cand. med. Hans-Kurt Müller vom 1. okt. 1937 bis 30. März 1938 als Unterassistent auf der medizinischen Universitätsklinik des Bürgerspitals tätig war. Er hatte dort seine ganze Tätigkeit der Untersuchung und Behandlung der Kranken unter Anleitung des Assistenzarztes zu widmen. Wir waren mit seinen Leistungen zufrieden.

Der Direktor der medizinischen Universitätsklinik

Basel:

BASEL

米勒的实习证明

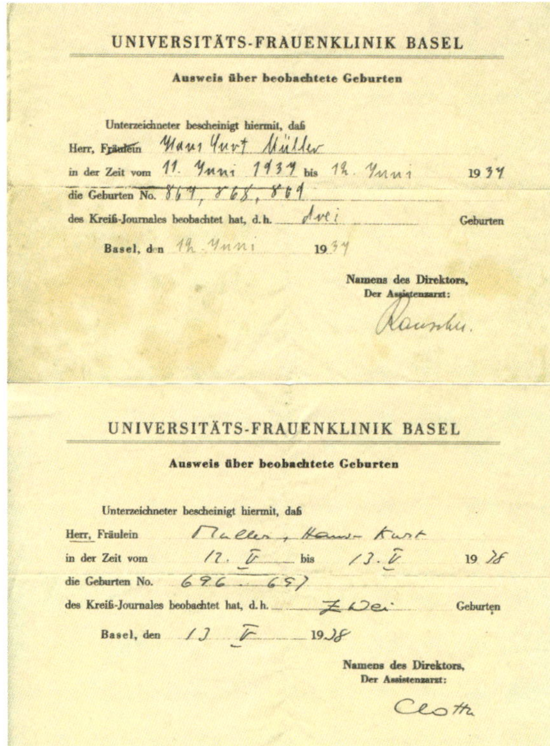

UNIVERSITÄTS-FRAUENKLINIK BASEL

Ausweis über beobachtete Geburten

Unterzeichneter bescheinigt hiermit, daß

Herr, ~~Fräulein~~ Hans Kurt Müller

in der Zeit vom 11. Juni 1937 bis 12. Juni 1937

die Geburten No. 867, 868, 869

des Kreiß-Journales beobachtet hat, d.h. drei Geburten

Basel, den 12. Juni 1937

Namens des Direktors,

Der Assistenzarzt:

UNIVERSITÄTS-FRAUENKLINIK BASEL

Ausweis über beobachtete Geburten

Unterzeichneter bescheinigt hiermit, daß

Herr, Fräulein Muller, Hans-Kurt

in der Zeit vom 12. V bis 13. V 1938

die Geburten No. 696 . 697

des Kreiß-Journales beobachtet hat, d.h. zwei Geburten

Basel, den 13 V 1938

Namens des Direktors,

Der Assistenzarzt:

米勒在巴塞尔大学妇产诊所实习的证明

警察局办理报到手续。之后，到巴塞尔大学走访了父亲的朋友卢德维克教授。在教授的热情帮助下，办理了入学手续。作为巴塞尔大学医学系的学生，米勒开始了渴望已久的学习生活。

巴塞尔大学医学系的学制为六年，教学采取学分制，有必修课和选修课，学完一门，通过考试合格后，即准予结业。米勒孜孜不倦，刻苦钻研，相继完成了内科、外科、妇产科及小儿科等多种科目的学业。

巴塞尔大学的学习条件比较优越，但是费用却很昂贵。由于父亲收入菲薄，每月家里寄给米勒的钱是有限的，甚至有时靠借贷供给他少量的生活费。学校没有宿舍，他联络一些同学合租了当地居民的房子，付过房租后，所剩的钱只能维持最低的生活水平。生活虽然清苦，但是他始终精神饱满，学习努力，极其珍惜来之不易的学习机会。

向往革命

当时，巴塞尔大学的政治环境比较复杂，斗争也比较尖锐，外国留学生有数百人之多，其中犹太人占有很大比例。学生宿舍经常遭到秘密搜查，学生的行动受到监视。

米勒比较亲密的同学中，有几位秘密参加了一些进步活动，还有一位是来自中国的共产党员。他们的活动受到了瑞士警察机关的注意，怀疑为瑞士共产党所组织。米勒虽没有参加他们的活动，但是对他们的言行表示钦佩与同情。通过与他们的交往，米勒对法西斯的侵略本质，以及对国际反法西斯斗争的认识，有了一定的提高，他开始关心西班牙人民的反法西斯斗争。通过来自中国的留学生蒋兆先的介绍，他也知道了东方伟大的中国人民，率先进行了艰苦卓绝的反抗日本法西斯的斗争。米勒对蒋兆先所介绍的中国充满浓烈的兴趣。

1938 年秋的一天，米勒去看蒋兆先，刚走到蒋的宿舍门口，正好看见蒋兆先被几个便衣警察逮捕了。不知所措的米勒急忙赶往另几位同学处，谁知他们都不见踪影。房东说，他们也被瑞士当局抓走了。

米勒不顾个人安危，直奔警察局，责问他们为什么乱抓人？警察把他连推带搡地赶了出来。不久，米勒接到瑞士警察局的通知，限他在半年之内离境。

由于这一变故，米勒不得不日夜兼程，争取在六个月之内完成博士论文。他在导师指导下，对心脏病进行了临床观察和研究，并写成关于心脏病突然死亡原因的论文，获得巴塞尔大学医学系授予的医学博士学位，结束了大学生活。

米勒大学毕业后，显然不能继续留在瑞士了。但是，作为犹太人的儿子，他也不能返回仍是希特勒执政的德国。有同学介绍他去南美开诊所，以获取丰厚的收入，他婉言谢绝了。他想到西班牙去，参加西班牙人民的反法西斯斗争。但是，当时的形势发生了变化，西班牙的法西斯头子

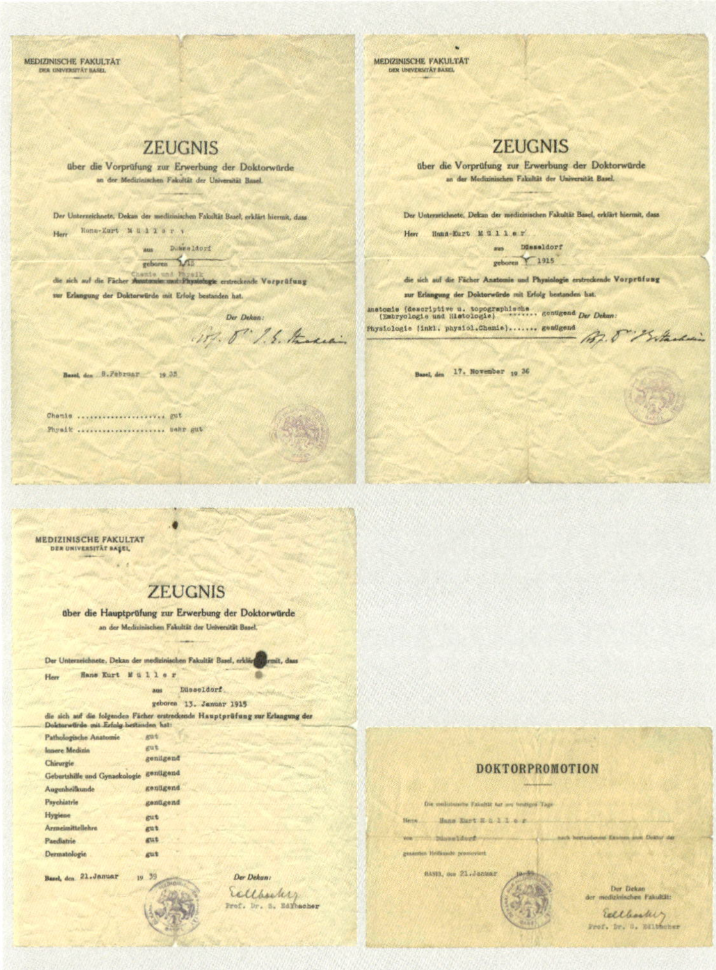
MEDIZINISCHE FAKULTÄT
DER UNIVERSITÄT BASEL

ZEUGNIS
über die Vorprüfung zur Erwerbung der Doktorwürde
an der Medizinischen Fakultät der Universität Basel.

Der Unterzeichnete, Dekan der medizinischen Fakultät Basel, erklärt hiermit, dass
Herr Hans-Kurt Müller
aus Düsseldorf
geboren 1915
die sich auf die Fächer Chemie und Physik erstreckende Vorprüfung
zur Erlangung der Doktorwürde mit Erfolg bestanden hat.

Der Dekan:

Basel, den 8. Februar 1935

Chemie .... gut
Physik .... sehr gut

MEDIZINISCHE FAKULTÄT
DER UNIVERSITÄT BASEL

ZEUGNIS
über die Vorprüfung zur Erwerbung der Doktorwürde
an der Medizinischen Fakultät der Universität Basel.

Der Unterzeichnete, Dekan der medizinischen Fakultät Basel, erklärt hiermit, dass
Herr Hans-Kurt Müller
aus Düsseldorf
geboren 1915
die sich auf die Fächer Anatomie und Physiologie erstreckende Vorprüfung
zur Erlangung der Doktorwürde mit Erfolg bestanden hat.

Anatomie (descriptive u. topographische (Embryologie und Histologie) .... genügend
Physiologie (inkl. physiol.Chemie)....... genügend

Der Dekan:

Basel, den 17. November 1936

MEDIZINISCHE FAKULTÄT
DER UNIVERSITÄT BASEL

ZEUGNIS
über die Hauptprüfung zur Erwerbung der Doktorwürde
an der Medizinischen Fakultät der Universität Basel.

Der Unterzeichnete, Dekan der medizinischen Fakultät Basel, erklärt hiermit, dass
Herr Hans Kurt Müller
aus Düsseldorf
geboren 13. Januar 1915
die sich auf die folgenden Fächer erstreckende Hauptprüfung zur Erlangung der Doktorwürde mit Erfolg bestanden hat:

Pathologische Anatomie	gut
Innere Medizin	gut
Chirurgie	genügend
Geburtshilfe und Gynaekologie	genügend
Augenheilkunde	genügend
Psychiatrie	genügend
Hygiene	gut
Arzneimittellehre	gut
Paediatrie	gut
Dermatologie	gut

Basel, den 21. Januar 1939

Der Dekan:
Prof. Dr. S. Edlbacher

DOKTORPROMOTION

Die medizinische Fakultät hat am heutigen Tage
Herrn Hans Kurt Müller
von Düsseldorf nach bestandenem Examen zum Doktor der gesamten Heilkunde promoviert.

BASEL, den 21. Januar 1939

Der Dekan
der medizinischen Fakultät:
Prof. Dr. S. Edlbacher

米勒的博士学位申请资格证明及获得批准的通知书

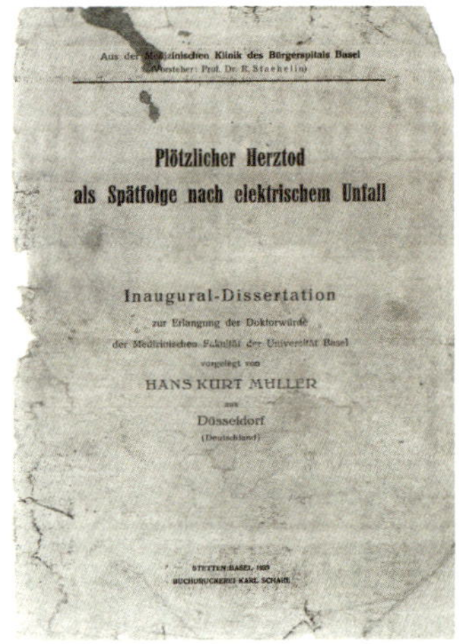
Aus der Medizinischen Klinik des Bürgerspitals Basel
(Vorsteher: Prof. Dr. R. Staehelin)

Plötzlicher Herztod
als Spätfolge nach elektrischem Unfall

Inaugural-Dissertation
zur Erlangung der Doktorwürde
der Medizinischen Fakultät der Universität Basel
vorgelegt von
HANS KURT MÜLLER
aus
Düsseldorf
(Deutschland)

STETTEN-BASEL, 1939
BUCHDRUCKEREI KARL SCHAHL

米勒的博士论文封面

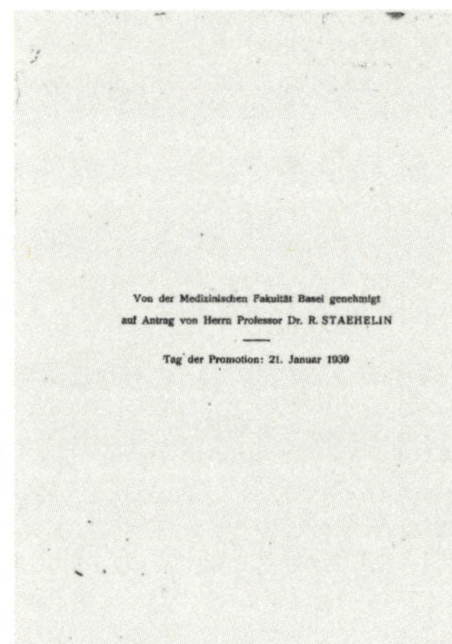
Von der Medizinischen Fakultät Basel genehmigt
auf Antrag von Herrn Professor Dr. R. STAEHELIN

Tag der Promotion: 21. Januar 1939

米勒的博士论文内页

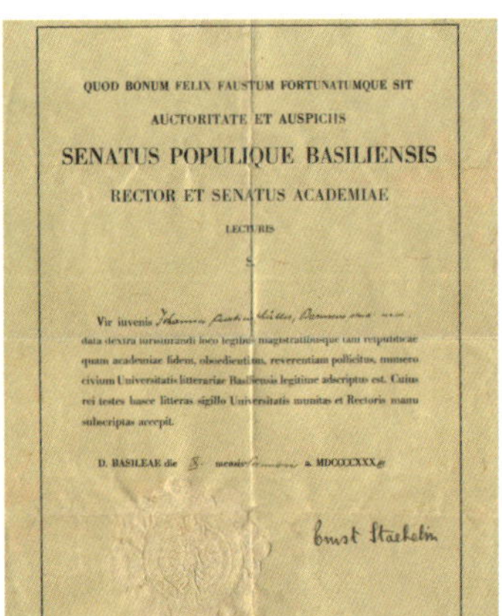
QUOD BONUM FELIX FAUSTUM FORTUNATUMQUE SIT
AUCTORITATE ET AUSPICIIS
SENATUS POPULIQUE BASILIENSIS
RECTOR ET SENATUS ACADEMIAE
LECTURIS
S.

Vir iuvenis
data dextra iurisiurandi loco legibus magistratibusque tam reipublicae quam academiae fidem, oboedientiam, reverentiam pollicitus, numero civium Universitatis litterariae Basiliensis legitime adscriptus est. Cuius rei testes haec litteras sigillo Universitatis munitas et Rectoris manu subscriptas accepit.

D. BASILEAE die 8. mensis a. MDCCCCXXX

米勒的博士学位证书

佛朗哥夺取了政权。

正当米勒寻求报效之路时，蒋兆先被瑞士当局无罪释放了，两人见面后交流了对国际问题的看法。米勒对当时欧洲形势的估计比较悲观。蒋兆先表示打算回国参加抗日斗争，他动员米勒到中国去，一起参加中国共产党领导的抗日战争。米勒慨然允诺。蒋兆先还要在瑞士处理一些事务，他让米勒先行，相约到香港，与宋庆龄领导的保卫中国同盟（简称“保盟”）取得联系后，再转赴中国内地。

到香港，找宋庆龄

1939 年 4 月 10 日，年仅 24 岁的米勒，毅然卖掉了自己的照相机，购买了船票，离开瑞士，前往法国的马赛港，登上前往中国香港的“杜梅号”海轮。

前往中国之前，他设法通过瑞士红十字会，获得了一套医疗器械，并随身带着瑞士红十字会巴塞尔分会会长的信函。该信内容如下：

尊敬的医生先生，我在这里向您证实，为了支持您在中国的医疗活动，我们已经筹集了一笔资金，来购买医疗器械。

我们很愿意看到，您在购买这些器械时能按照医疗救援用途的要求，考虑到器械的原产地，从中挑选出一个优惠的价格。

顺表致意。

瑞士红十字会巴塞尔分会会长

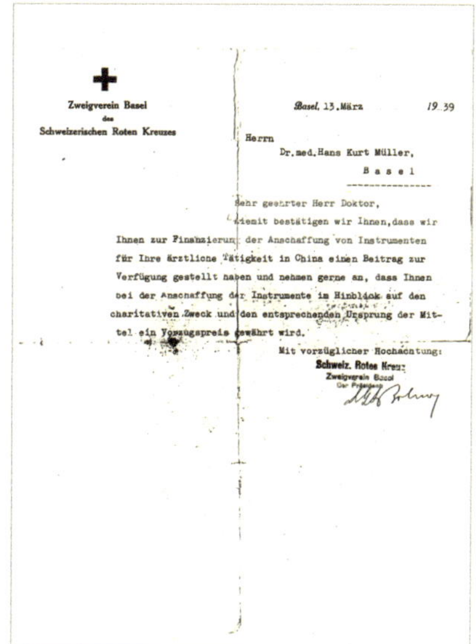

Zweigverein Basel
des
Schweizerischen Roten Kreuzes

Basel, 13. März 1939

Herrn
Dr. med. Hans Kurt Müller,
Basel

Sehr geehrter Herr Doktor,

hiemit bestätigen wir Ihnen, dass wir Ihnen zur Finanzierung der Anschaffung von Instrumenten für Ihre ärztliche Tätigkeit in China einen Beitrag zur Verfügung gestellt haben und nehmen gerne an, dass Ihnen bei der Anschaffung der Instrumente im Hinblick auf den charitativen Zweck und den entsprechenden Ursprung der Mittel ein Vorzugspreis gewährt wird.

Mit vorzüglicher Hochachtung:
Schweiz. Rotes Kreuz
Zweigverein Basel
Der Präsident

瑞士红十字会给米勒的信

“保盟”七位中央委员合影

香港西摩道 21 号“保盟”办公地址

米勒的护照

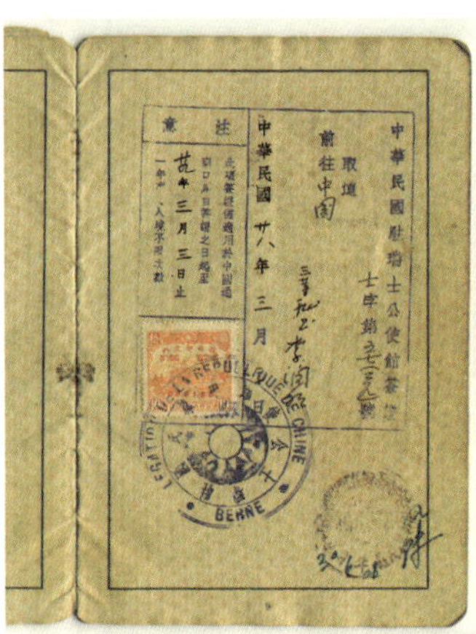

米勒护照上的国民政府签证

米勒乘坐的海轮，从马赛起锚后，日夜兼程驶往埃及，穿越苏伊士运河，入红海，过吉布提，途经科伦坡、新加坡、西贡，直驶香港。每到一地，都要短暂停泊，进行休整。在越南西贡，轮船停留了四天，米勒与同船旅客一起上岸观光游览。当时，作为法国殖民地的西贡的悲惨景象给米勒留下深刻印象。他第一次见到了殖民主义者作威作福、欺压百姓的丑恶嘴脸。

抵达香港后，米勒急着去找宋庆龄的机构接头。

宋庆龄领导的机构叫保卫中国同盟，是一个国际救援机构，办公地点在香港西摩道 21 号。这个机构主要是为支援中国的抗日战争，面向全世界，广泛争取道义和物资上的帮助。这个机构的核心领导来自方方面面，外国人占了一大半。

米勒在“保盟”的办公地点看到一片繁忙的景象，不断有人进进出出。来来往往的人们，个个行色匆匆，办公室里每个人都紧张地忙碌着。

最先接待米勒的是保卫中国同盟的中央委员爱泼斯坦，他很年轻，是位知名的记者，也是一位犹太人。他告诉米勒，“工合”与“国际和平医院”是“保盟”两个重点支援的项目工作，很欢迎米勒前来参加援助中国抗战的斗争。国际和平医院项目现在刚刚起步，正需要努力加紧开展工作。目前，医疗设备、医药物资和医务人员都是最急需也是最受欢迎的。

米勒急切地报名，要求为中国的抗日斗争出力，坚决地要求到战斗第一线去。同时，希望尽快安排与中国共产党的代表联系，早日奔赴抗日战场。

于是，爱泼斯坦把米勒介绍给了机构的另一位中央委员廖承志。廖承志既是“保盟”中央委员，也是八路军驻香港办事处的负责人。他告诉米勒，准备安排他去延安，但是眼下一时还走不了，需要在香港稍等一段时间，因为，广州已经被日军占领，从香港到内地必须绕道越南，现在需要在香港等候前往中国内地的船只。同时，还准备将募

新西兰记者贝特兰

廖承志（右）与马海德在延安

集到的医疗物资等一同运去。于是，米勒被安排在八路军驻香港办事处住了下来。

在“保盟”的办公室，米勒还遇到了新西兰记者詹姆斯·贝特兰，他也是“保盟”的中央委员，他去过延安。他向米勒介绍了很多有关延安的情况，他说，此次将由他带队前往延安，与米勒同行的还有几位志愿者，将分别去各个国际和平医院。贝特兰告诉米勒，他这次还将到白求恩工作的五台山国际和平医院，深入了解那里工作的进展情况。

在“保盟”的办公室，米勒还见到了“保盟”另一位中央委员——廖承志的姐姐廖梦醒，她兴奋而神秘地告诉大家，很快还会有一辆大型救护车从英国运来，届时会与已经募集到的一批医疗物资一起运往延安。

廖梦醒与女儿李湄摄于香港

押运救护车去延安

1939 年 6 月中旬，米勒他们一行向着目的地——延安出发了，带队的就是贝特兰。他们从香港登上小巧的近海货轮“泰山号”启程前往海防，然后，再经由越南到广西、贵州、四川等地进入西北。他们此行还带着“保盟”在香港募集到的一批抗战根据地急需的医疗物资，包括 30 辆卡车，15000 加仑的汽油，600 多箱急需的医药物资，送往国际和平医院。值得骄傲的是还有一辆由约翰·桑尼科罗夫特爵士送给宋庆龄的特制的大型救护车。

这辆大型救护车有一节火车车厢长，外形十分醒目：车身喷成暗绿色，侧面的车身喷了国民党党徽，车顶上喷了大白圆圈，中间是大红十字。车里面能放 12 副担架，有 12 个伤员的座位，还配备了洗手盆，可以在救护车上实施手术与抢救。驾驶员的座位就像英国公共汽车一样高居于发动机之上，庞大的车体最后面是流线型的车尾和双扇门、折叠梯，高于路面大约六英寸。当时大家都很怀疑，这样一辆漂亮而笨重的车能够通过几千英里极其简陋难行的公路、渡过一条又一条河流，从海防开到延安吗？

米勒的驾驶证

这辆定制的大型救护车虽然漂亮，但是实在不适合在陡峭蜿蜒泥泞颠簸中进行长途跋涉，既不适合上下陡坡，也无法在小路拐弯，每过一座山，发动机都要开锅。车顶上大白圆圈和鲜红的十字，正好给日军轰炸机提供靶子。一路行进，不光行山路，还要涉水搭轮渡、蹚险滩。从香港经过海防开往南宁后，流线型的救护车尾部终于受损了，只得在半路上找了一个修车铺把救护车的尾部割掉。以后一路遭遇暴雨、路障、塌方、空袭、轰炸以及发动机的故障与爆胎，经过贵州的群山到达图云关。

途经镇南关时，米勒一行还遇到白崇禧部队中有一批新加坡华侨新兵病倒了，经贵阳八路军办事处安排，请米勒前去出诊。原来这批华侨都感染了疟疾。米勒给他们打针、吃药，负责治疗工作。日军飞机每天来轰炸，白天不

宋庆龄在即将运往延安的大型救护车前

能在村里住，米勒每天带着这批病人躲往山上的树林，晚上再带着他们返回驻地，直到一周后，这批病人全部痊愈。同行的贝特兰等人也都感染了疟疾，幸好，林可胜领导的红十字医疗队和医务培训学校在这里，为他们提供了必要的药品和照顾，经过短期休整之后，他们一行人再次上路。

他们经过贵阳、遵义和著名的桐梓具有 72 个急转弯的“蛇路”后，到达了重庆。

半路上，还出了个事故，吓得司机不敢继续开车。为了赶路，米勒就自告奋勇，跳上驾驶座，勇敢地代替司机开了一段路。

在重庆稍事停顿后，他们一行继续往西北行进，最终到达西安，将全部押运的车辆与医药物资交付给八路军驻西安办事处，然后与八路军的一支运送物资的车队会合，一同前往目的地——延安。

路遇斯诺

米勒一行在前往延安的漫长而充满艰辛的路上，曾经两度与斯诺相遇，一次是在车队到达重庆时，一次是在西安。当时的斯诺正为中国工业合作协会（简称“工合”）项目紧张忙碌，此时，他正带领着一支美国记者团一路考察“工合”各项目点。

“工合”成立于 1938 年 8 月，斯诺夫妇与路易·艾黎是最早的发起人，“工合”的标志也是路易·艾黎设计的。

“工合”成员们希望“工合”能有个标志——做个徽章。于是艾黎就想，工业合作，也可以理解为“大家一起干”，把它缩写为“工合”（working together），既有意义，

宋庆龄向美国记者斯诺介绍中国抗战形势

艾黎、斯诺夫妇、贝特兰等在菲律宾为“工合”项目募捐

"工合"标识

艾黎（左）、王安娜与斯诺在武汉筹办"工合"

"工合"的物资在香港装运

又好记。"工合"成员中，不少人是基督徒，便决定把"工合"两字放入基督教青年会的三角符号之中。路易·艾黎担任"工合"的技术顾问，同时也是具体执行人。这个项目是宋庆龄领导的"保盟"机构的一个援助重点。宋庆龄视它为一个战时经济抗日防线，也是经济抗战的一项重要措施。

1939年1月，在香港建立了促进工合国际委员会，宋庆龄任名誉主席，负责出版刊物，向海外募集资金、设备，招聘技术人员，同时负责海外捐赠资金的安排，以保证资金的公平分配和防止款项落入他人之手。

"保盟"直接拨款或订购工业合作社的产品来支持工

业合作社的发展，如拨款2000港元作为在皖南建立生产蚊帐合作社的资金，在延安建立制药合作社，在西北建立毛毯合作社，向合作社西北总会订购纱布、绷带、脱脂棉、担架用帆布、棉外衣等供给国际和平医院。著名的“一碗饭运动”就是为支持“工合”而举办。

在“保盟”帮助下，“工合”得到国外援华团体和海外华侨的援助，迅速发展。除重庆的总部外，先后在陕西宝鸡、湖南邵阳、江西赣县和四川成都设立了西北、西南、东南、川康四个办事处。至1941年7月，工业合作社已经发展到2300多个，社员3万余人，月产值达2000余万元。合作社遍及18个省区。合作社的发展，打破了日军经济封锁，为利用当地资源，满足人民生产、生活需要，坚持抗战提供了有力的支持，同时也为安置灾民和伤员，发挥他们的技能，改善生活，促进社会稳定起到很好作用。

斯诺向米勒介绍了很多自己在延安的所见所闻，鼓励米勒好好干。还把自己的一些衣物送给米勒。他强调，这些在中国的抗日根据地都用得上。

1970年代米勒（左）与斯诺（中）在中国重逢

见到毛泽东

米勒的目的地是延安，可是西安的国民党当局故意刁难他，拒不给他通行证。情急之下，米勒掏出了随身携带的盖有国民政府驻瑞士使馆签证的德国护照，厉声呵斥：“看看这是什么？你们政府同意我访问中国的任何地方，如果不同意我访问延安，我马上打电报去重庆，一切后果由你们负责！”西安当局的办事员不知底细，反倒被镇住了，只好在米勒的护照上盖了允许通行的公章。

在经过了三个月的漫长而艰险的路途之后，米勒终于在 1939 年的 9 月到达了延安。

一天下午，米勒接到通知，说毛泽东要设便宴招待他，米勒既紧张又兴奋。他知道毛泽东是中国共产党的领袖，是党内享有极高威望的理论家，他刚到中国，什么也不了解，也没有读过马克思的著作，真不知道到时候怎么同毛泽东交谈？

他只记得被请进一间宽敞的窑洞，毛泽东气度非凡，

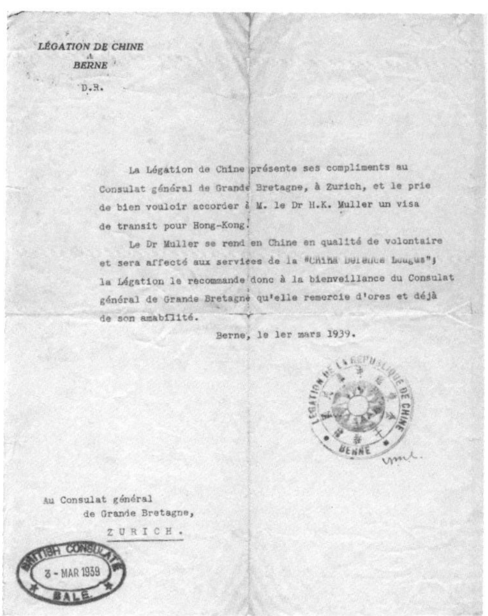

LÉGATION DE CHINE
À
BERNE

D.R.

La Légation de Chine présente ses compliments au Consulat général de Grande Bretagne, à Zurich, et le prie de bien vouloir accorder à M. le Dr H.K. Muller un visa de transit pour Hong-Kong.

Le Dr Muller se rend en Chine en qualité de volontaire et sera affecté aux services de la "China Defence League"; la Légation le recommande donc à la bienveillance du Consulat général de Grande Bretagne qu'elle remercie d'ores et déjà de son amabilité.

Berne, le 1er mars 1939.

LÉGATION DE LA RÉPUBLIQUE DE CHINE BERNE

Au Consulat général
de Grande Bretagne,
ZURICH.

BRITISH CONSULATE
3 - MAR 1939
BALE

国民政府驻瑞士使馆给英国领馆的信

1939 年初到延安的米勒

1945年8月15日晚，朱德总司令在延安举行酒会，宴请在延安的国际友人，庆祝抗战胜利。左一为米勒

精神充沛，伸出手来亲切地同他握手。毛泽东和蔼的态度一下子使他消除了拘谨。他注意到桌子上、木箱上零乱地堆放着许多书籍、杂志和文件。毛泽东几乎没有引用马克思的经典，而是与米勒很随意地攀谈，他们谈到了德国的社会状况，米勒的家乡杜塞尔多夫的风俗民情，米勒来中国的所见所闻，德国的文学，席勒的戏剧，歌德和海涅的诗，以及贝多芬的音乐。米勒发现，毛泽东知识渊博，兴趣广泛，富有幽默感，并不是一个难以接近的刻板的人。看来自己对政治家的印象是片面的。

他们两人还就当时的国际形势交换了看法。米勒表示，他坚信希特勒发动的法西斯侵略战争必然以失败告终，世界人民的正义斗争虽然艰难曲折，但还是一定会胜利！毛泽东表示赞同米勒的看法，建议他在延安各处看看，不要急于工作，作为刚从欧洲来到中国陕北的医生，对中国的一切，特别是生活习惯，将有一个逐渐适应的过程。

卫生部门的领导征求了米勒的意见后，决定安排他在延安拐峁国际和平医院担任外科医生。

患难之交马海德

陪同米勒与毛泽东交谈并担任翻译的是中央军委卫生部顾问马海德。

马海德是宋庆龄派驻延安的“保盟”代表，美籍黎巴嫩人，出身于一个炼钢工人家庭，1933 年医科大学毕业后来到中国上海开业，决心为中国的苦难百姓解除病痛。一次偶然的机会认识了宋庆龄，从此跟随宋庆龄，为帮助中国人民的正义事业尽心尽力。

当年，毛泽东希望宋庆龄介绍一位有正义感的外国记者和外国医生一同访问延安，以便将中共坚持抗战和抗日根据地缺医少药的情况向世界报道。1936 年 6 月，宋庆龄选派斯诺和马海德从上海冲破重重封锁前往延安。

斯诺在访问延安与采访毛泽东后，写出了著名的《红星照耀中国》一书，在全世界产生了巨大而良好的反响。他为毛泽东拍摄的头戴八角帽的彩色照片也让中国共产党领袖毛泽东的形象第一次为世界所认识。

而马海德到延安看到了缺医少药的严重现状后则决心留下来，以自己的专业为广大抗日军民服务，为中国人民

斯诺拍的毛泽东戴八角帽像

毛泽东、马海德在延安

延安时期的马海德

米勒（左）与马海德在延安

米勒（左一）与马海德一家合影

米勒一家与马海德妻儿苏菲、幼马（右二、右一）在北戴河

米勒（左一）与马海德一家挂灯笼迎新年

的正义事业奋斗终生。为了表示自己献身中国革命事业的决心，他把自己的美国名字乔治·海德姆改成中国名字马海德。1937 年 2 月，他由吴黎平介绍加入了中国共产党，成为第一个加入中国共产党的美国人，陕北人民爱戴的马大夫。

米勒十分敬佩马海德，自从与马海德认识后，他俩就成了好朋友。随着彼此了解的加深，他俩成为一辈子的好哥们，我们两家也成为患难与共的至亲。米勒几次生命垂危之际，都是马海德及时赶到，帮助他闯过一道道难关。

外国菩萨“米拉”

随着抗战的深入，华北战场战斗异常激烈。米勒认为，延安不是前线，他再次坚决地提出要求，一定要到第一线工作。

毛泽东在作了缜密安排后，同意了米勒的要求，派他到八路军总部去。

米勒到达八路军总部医院不久，就名声大震。一天，土河坪卫生学校的一名学员不慎摔伤了尿道，由于小便阻塞、膀胱肿胀，小伙子又急又痛，呜呜地直哭。八路军总部医院的外科医生无计可施，求助刚抵达的内科主任米勒。米勒在巴塞尔大学医学系主攻内科，毕业论文也是关于内科的，但是他学习过解剖、局部解剖、外科和泌尿科。于是米勒根据病人排不出尿的症状以及摔伤的部位和会阴部的解剖结构，果断地诊断为尿道断裂，主张立即手术修补。

在用木板架起的简易手术台上，米勒第一次使用了从瑞士带来的手术器械。一名中国医生做助手，在进行了局部麻醉后，米勒果断地下刀，迅速找到断裂的尿道，敏捷地做了缝合。尿道接通了，尿排出了。几天后，小伙子欢蹦乱跳地出现在土河坪，成了新闻人物。他不厌其烦、绘声绘色地讲述自己身上发生的奇迹。

“医院来了个德国大夫，是个神医”，“卫生学校一个小伙子，尿道断了，那高鼻子大夫一刀就给弄通了！”“神医”、“神刀”的消息迅速在十里八乡传开，乡亲们奔走相告。

不久，米勒又立了一桩大功！离土河坪不远的小村里，有一位孕妇难产，接生婆想尽办法，婴儿就是不下来，且产妇大出血不止，产妇在土炕上痛苦地喊叫，丈夫急得直跺脚。此时已经是半夜三更了，不知是谁突然想起了八路军医院的神医，立即派人借了马车赶着去请。

米勒在沉睡中被叫起，带了急救箱坐上老乡赶来的马车。事发突然，翻译不在身边，借助刚刚接触的中文单词，米勒在路上用了很久才明白是女人生孩子。“难产！”这是浮现在米勒脑海中的一个词！他在毕业实习时看过剖腹产，亲自动手做过引产，但是没有处理过难产，于是他迅速回忆大学老师讲过的各种妇产科知识，正常分娩、流产、早产、胎盘、异常分娩……是枕后位、面先露、横位，还是产妇生理上缺陷？学过的妇产科知识一下子涌入脑海，还没等米勒理出头绪来，马车已经停下。

产妇尖叫痛苦的哭喊声，门口围着的人们的议论声乱成一片。米勒的到来，令大家兴奋起来，认为救星到了。米勒急忙进屋，定定神，做了简单的检查，了解到产妇已是两个孩子的母亲，是经产妇，又没有外伤，于是断定大出血可能是胎盘位置不当，于是决定先止血，再引产。他根据当时简陋的条件和环境，果断采用破水的方法，借助婴儿来压迫止血，既可止血，又可迅速生产，减少孕妇的痛苦。米勒一面处理，一面安慰产妇。随着人工破水，婴儿从子宫向下滑动，接生婆叫道：“出来的是屁股！”米勒看到了妇产科大夫极不愿意看见的婴儿的臀部。可是他很庆幸，虽然是异位，却幸好不是小腿而是屁股，否则小生命真是难以生存了。他毫不迟疑地用手抱着婴儿臀部，按生理解剖位置，有力地迅速把婴儿的头部引出了母体。

接生婆接过婴儿，一面拍打，一面欢叫着；“是个小子！”

随着婴儿的一声啼哭，大家的愁云一扫而空。“产房”外已聚集了大批村民，他们都是听说一个外国神医救了两条性命而专门赶来围观的。接生婆滔滔不绝地说：“我接生无数，从没遇到这样的难产。要不是外国菩萨，母子肯定没救！”大家纷纷打听外国菩萨的名字。

这时，八路军总部医院的管理员和翻译也赶到了现场。他们告诉老百姓，这位高鼻子大夫叫米勒，是德国人。

从此，米勒名声大震，在缺医少药的敌后根据地，来了一位外国菩萨的消息引起了轰动，人们纷纷前来向他求助。这可忙坏了米勒。他除了在医院为伤病员治疗外，还为周围的老百姓治病，甚至远近的妇女生孩子，也请他接

1985年米勒与原延安国际和平医院的老战友鲁之俊（左二）、马海德（右二）等合影

吕正操（右）、黄华（中）祝贺米勒70寿辰

老战友钱信忠祝贺米勒来华工作50周年

生。无论刮风下雨，或是三更半夜，米勒对群众有求必应，与百姓亲如家人。当地老百姓觉得叫德国大夫不顺口，还是习惯地叫他“米拉”大夫（山西武乡的农民把“勒”字读作“拉”音）。

朱德印象

八路军总司令朱德

八路军总司令朱德，是米勒十分敬重的人物。

米勒说，他对朱老总的感觉特别亲切，这可能与朱老总曾经有过在德国留学的经历有一定关系。

初次见面，米勒很惊讶，这位大名鼎鼎的传奇人物朱德总司令，竟然是一位身材不高、十分结实、穿着朴素、慈祥和蔼的中年人。而且在米勒来不及思索，用德语脱口而出一声“您好”的问候之后，朱老总用德语回答“欢迎你”!

米勒说，他是与印度援华医疗队的队长爱德华、队员柯棣华与巴苏华一同去见总司令的。他们去见朱老总的那天，朱德刚刚度过53岁生日。陪同他们会见并担任翻译的是龚澎。

朱德笑容可掬，与米勒及三位印度大夫一一握手，诚挚地感谢他们远离家乡来到中国支援中国人民的抗日战争。朱德对他们介绍了很多中国人民革命的历史以及当前游击战争是反对帝国主义战争争取民族解放的一种手段，八路军不仅在山区而且在平原也使用游击战术。在交谈过程中，朱德反复强调，人民一旦掌握了马列主义，他们的智慧和勇敢就无法估量。这个道理，在各个国家都是一样的。米勒注意到，每当朱德讲到自己的国家和人民时，总流露出无比自豪的神情，饱经风霜的面庞上，便泛起由衷的笑容。

总司令用德语问米勒的家乡在哪里？米勒回答：“莱茵河畔的杜塞尔多夫城。”朱德说，这是一座文化名城。朱德问起“离莱茵省的另一个文化古城特里尔不远啦?”“是的。”米勒边回答边想起了共产党与特里尔的关系，补充道，“那是马克思的故乡。”

朱德遗憾地表示，自己未能有机会去马克思的故乡，也没能去瞻仰马克思和他夫人燕妮合葬在伦敦的海格特公墓。但是“他的学说，我在柏林，在哥廷根学习了”。朱德告诉米勒，自己 1923 年在格奥尔格 – 奥古斯特大学学习社会科学，学习哲学，也学习了马克思主义。米勒就读于兴登堡中学是 1924 年。两人一同回顾了那几年在德国发生的事。朱德说，为反对英美日在上海制造的“五卅”惨案，旅居德国的学生，在中国共产党旅欧支部领导下，包围了当时北洋政府的驻德使馆。中国驻德大使被迫在抗议书上签了名。朱德则由于参加德共召开的声援会而遭到警察拘捕，并被关押在亚历山大广场警察拘留所。由于参加革命活动，朱德在大学只读了一年多。因为是共产党员，他被德国当局吊销了护照，并限 24 小时内离境。

之后在红十字会的帮助下，朱德去了苏联。在苏联也只待了一年的时间，先在莫斯科东方大学，后来又专门学习了军事。“我在苏联短短一年时间学到了很多东西，特别是看到了与资本主义绝然不同的社会。那里的物质生活远比法国、德国差，但是那里人们的精神是健康的。这是一个没有剥削、没有压迫的新社会。”

朱德与林迈可

朱德还问他们是否想学中文？他们不约而同地回答：太难了！朱德说："是的，我在德国学习德语也是十分艰难的。但是为了读马克思的原著，我必须学会德文，一位德文教师告诉我，学德文，并不难，36岁不算大，关键就看你有没有决心和毅力。我听了他的话，不停地读呀，背呀，经常彻夜不眠。但是毕竟年纪大了，时间也短，没有掌握好，几十年不用，现在说起来又困难了。"朱德继续说，"在中国工作，还是要努力学习中国语言，否则光靠翻译，是很困难的。尤其是德文，在中国掌握的人太少了。学不会中文，就像一个人离不开拐杖一样。"

与朱德总司令的一席谈话，对米勒产生的影响很大。在来王家峪之前，他对朱德已有耳闻，知道他在出国前已是一位久经沙场的将军。后来摈弃了高官厚禄、荣华富贵，离开祖国，只身去德国寻求真理。在这样一位前辈面前，米勒感受到了极大的鼓舞、启示和激励。他感到自己抛弃一切，远离父母、祖国，只身投入中国人民反抗侵略的正义事业中来是值得的，同时也下定决心学好中文。不久，他真的扔掉了语言的"拐杖"——翻译，坚持自己独立使用中文工作。可见朱德对他的影响力，可见他为中国人民服务的决心有多大！

米勒标准像

白求恩大夫追悼会

米勒告诉我，他参加了白求恩大夫的追悼会。参加这次大会对他的触动很大。他决心向白求恩学习，做一个白求恩一样的大夫。

米勒到达八路军总部不久，就赶上了白求恩大夫的追悼大会。

朱德总司令问米勒，是否知道白求恩？米勒说，“知道。上个月 13 日，白求恩大夫在前线为伤员实行手术时，割破了手指，因为病菌感染而逝世的”。朱德怀着沉痛的心情讲述了白求恩大夫不断寻求真理，为了西班牙革命和中国人民的解放事业，奋不顾身，全力投身战地医疗救护的事迹，特别提到了白求恩大夫深受八路军爱戴的情况。

白求恩与患者

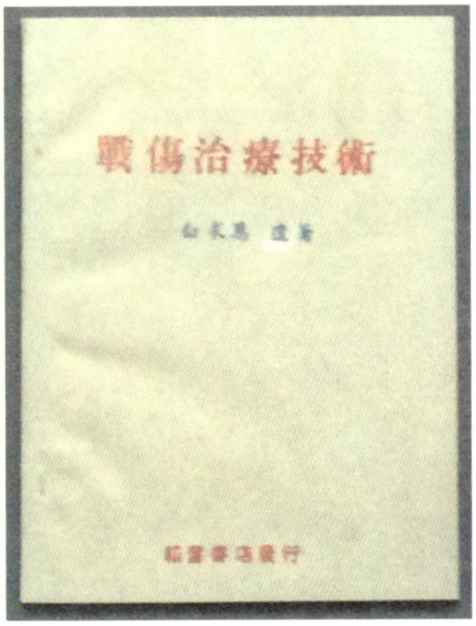

白求恩著《战伤治疗技术》

朱德深情地说，白求恩大夫是为了中国人民的解放事业献出自己宝贵生命的，他在弥留之际，还不忘祝愿中国人民取得革命胜利。我们要是不打败日本帝国主义，就对不起白求恩和一切热情帮助我们的同志。

朱德接着说，12 月 24 日，我们将隆重举行追悼白求恩大夫大会，你们是否参加？米勒说，当然参加！

于是米勒与印度援华医疗队的三位大夫：爱德华、柯棣华和巴苏华一起参加了追悼大会。爱德华代表印度援华医疗队讲了话，米勒也上台讲了话，他简洁地表示白求恩从大洋彼岸的加拿大来到中国，他是为了反法西斯，他是我们医务工作者的榜样。我从大西洋另一边的欧洲来到中国，也是为了反对法西斯。我将会像白求恩那样，把自己的一切奉献给中国人民的抗日事业。最后他用白求恩常用的西班牙式的举拳头敬礼作为结束，还向大家表示了决心，一定要沿着白求恩的道路，为中国人民和全世界人民的正义事业，贡献出自己的一份力量，当一个白求恩式的好大夫。

米勒在八路军总部的日子里，一直被热烈欢迎的气氛所包围着。抗日根据地的军民们，对这几位真诚来到中国的外国朋友发自内心地欢迎与感谢。米勒提出，想体验一下有当地特色的“抗日饭”。朱总司令欣然允诺。于是，当地农民为几位贵宾做了一桌“太行饭”——黄澄澄的南瓜和香喷喷的小米饭。

八路军总部安排米勒一行参观了总部机关各部门，介绍了八路军的战略、战术、组织及政治、文化和活动情况、指导思想和做法，重点介绍了战地医疗救护措施。

米勒他们再次坚决地要求到战地一线从事救护工作。八路军总部批准了他们的要求，派印度援华医疗队的柯棣华和巴苏华随一二九师一个团参加战斗。爱德华因为病倒了，必须送回印度治疗，米勒则留在八路军总部医院工作。

爱德华、柯棣华、巴苏华

米勒初到延安时，曾与印度援华医疗队的爱德华、柯棣华和巴苏华三位大夫同在拐峁国际和平医院工作。

爱德华大夫是医疗队中年纪最大的一位，当时已经50多岁了。他原名爱德尔，是尼赫鲁的妻弟，印度闻名遐迩的外科专家。曾赴西班牙与反对佛朗哥、保卫马德里的西班牙人民并肩作战，是一名卓越的国际主义战士。

尼赫鲁是保卫中国同盟的共同发起人之一，他决定支持宋庆龄的抗日斗争，从英国召回了爱德华，决心组建一支国大党援华医疗队到中国。1938年，以爱德华为团长的印度援华医疗队一行五人带着救护车、便携式X光机和一批医药物资经香港前往延安。医疗队抵达广州时，宋庆龄亲自前往码头迎接，并关注着援华医疗队队员的生活与工作情况，经常就援华医疗队成员的情况与尼赫鲁交流

1939年12月21日朱德会见米勒（左二）和印度援华医疗队员

白求恩国际和平医院继任院长柯棣华

信息，他们共同为远在中国西北艰苦条件下工作的医疗队员及时鼓劲、加油。

柯棣华与米勒一样，是刚从医科大学毕业的年轻大夫，原名德瓦卡纳特·桑达拉姆·柯棣尼斯，在赴延安时改名柯棣华。他同情受压迫的民族，富有正义感。1932 年，因反对英国殖民当局监禁参加不合作运动的人士，而被学校勒令退学。后来柯棣华毕业于著名的格兰特医学院，正当他为准备进入英国皇家医学会以便取得外科高级资格努力时，他听说了组织援华医疗队的消息，立即说服家人，毅然报名来华。

巴苏华原名巴苏，是印度加尔各答大学的医科毕业生，一直担任该校附属医院外科医生。他十分同情中国人民的遭遇，主动要求来华工作。

正是由于共同的追求与价值观以及对中国人民同样的情谊和对法西斯同样的仇恨，米勒与三位印度大夫相处得

毛泽东与印度援华医疗队员合影

十分亲密，建立了深厚的感情。他们一起克服了医疗条件简陋的困难，为提高边区医疗水平作出了贡献。由印度援华医疗队带来的便携式X光机，是共产党领导的抗日根据地的第一台X光机，由米勒与柯棣华共同安装后使用，对医院需要透视的病人一一进行了检查，在当时的延安发挥了极大的效用。

1939年起，日军把进攻的重点放在中国共产党领导的解放区战场，对敌后抗日根据地进行疯狂的“扫荡”。华北战场上，战斗异常艰苦。在延安工作了几个月后，米勒提出要到抗日前线工作的申请被批准了。他又同三位印度大夫一起离开延安，历经艰险，前往位于山西武乡县蟠龙镇西南王家峪北边的八路军总部报到。

他们在王家峪的一个月里，参观了八路军总医院，与医生座谈，了解前线的战地医疗救护措施，临时手术队的组织情况和医疗工作，伤员的护送保障及治疗等，还为伤病员治疗、为战士们体检。

尽管米勒当时对英语尚不精通，但是他与爱德华、柯棣华及巴苏华之间完全不用翻译就可以交流。在共同的相处中，米勒对三位印度大夫十分敬佩，年迈的爱德华大夫由于过度劳累，以致神经性湿疹再次突发，且已经溃裂、感染，非常痛苦。米勒与柯棣华、巴苏华一起用了各种办法，甚至用了土豆汁涂抹、把土豆切开包扎等等偏方土法，都无法减轻他的病痛，加之当时的物质条件和生活环境都极差，米勒劝爱德华先回印度，也许中国的水土不服的确存在，回到印度后，可能不用药也会康复。

爱德华坚定地说，我们医疗队本是五人，木克华、卓克华已经回国，现在只有三人，这里这么需要我们，我怎么能离开呢？柯棣华表示：“你可以先回去治病，我与巴苏华分担你的工作。”巴苏华也恳切地说：“这里既无组胺药物，又没有钙剂、抗菌素，还是先回印度治疗为妥。”

爱德华的湿疹有增无减地蔓延着，病情越来越严重，无法工作，甚至无法安稳地入睡。最后朱总司令下令让他

周恩来、宋庆龄等出席爱德华大夫追悼会

回国治疗。他才同意回印度。

在为爱德华送别的宴会上，米勒与爱德华相互祝福，并预祝能再次返回中国的反法西斯战场上。但是这未能如愿。爱德华回国不久，因为参加反对英国殖民主义的斗争而被捕入狱。1947 年印度独立后，爱德华带着对中国的友谊，抱病到中国访问，1957 年不幸在北京逝世。其骨灰一半撒在印度恒河，一半撒在中国黄河。周恩来、宋庆龄等出席了爱德华的追悼大会。米勒当时正在沈阳工作，未能再次见到这位曾经同甘共苦的老朋友。

爱德华大夫返回印度后，柯棣华和巴苏华转战在太行山区。1940 年 10 月，毛泽东从延安来电，要求两位大夫回印度，他们坚决地留下工作。柯棣华曾服务于一二九师，后又转战冀中、晋察冀根据地，担任了白求恩国际和平医

1958 年米勒（左二）在沈阳陪同印度友好代表团参观。右三为巴苏华

院的院长。米勒与柯棣华分手时也曾依依告别互道珍重，期待很快相逢。但是，米勒等来的是又一个噩耗！柯棣华大夫因过度劳累，又因绦虫引起的脑囊虫病，使癫痫病连续发作，不幸于 1942 年 12 月 9 日病逝在晋察冀根据地。

巴苏华大大曾在延安国际和平医院五官科主管 30 多张床位，每天的门诊量达百余人。1943 年巴苏华大夫回印度再次组织援华医疗队，后因印度灾荒而未能成行。新中国成立后，他多次来华，并把针灸技术引入印度。

18 年后，米勒与巴苏华两位老战友在沈阳相聚，整整畅谈了一天。

写给宋庆龄的报告

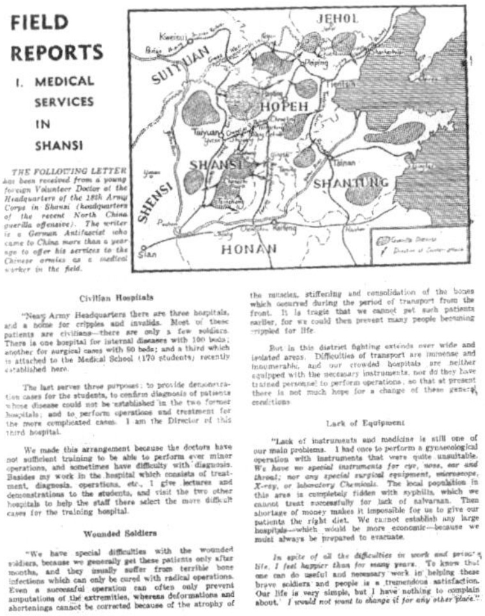

FIELD REPORTS

I. MEDICAL SERVICES IN SHANSI

THE FOLLOWING LETTER has been received from a young foreign Volunteer Doctor at the Headquarters of the 18th Army Corps in Shansi (headquarters of the recent North China guerilla offensive). The writer is a German Antifascist who came to China more than a year ago to offer his services to the Chinese armies as a medical worker in the field.

Civilian Hospitals

"[Near] Army Headquarters there are three hospitals, and a home for cripples and invalids. Most of these patients are civilians—there are only a few soldiers. There is one hospital for internal diseases with 100 beds; another for surgical cases with 80 beds; and a third which is attached to the Medical School (170 students) recently established here.

The last serves three purposes: to provide demonstration cases for the students, to confirm diagnosis of patients whose disease could not be established in the two former hospitals; and to perform operations and treatment for the more complicated cases. I am the Director of this third hospital.

We made this arrangement because the doctors have not sufficient training to be able to perform ever minor operations, and sometimes have difficulty with diagnosis. Besides my work in the hospital which consists of treatment, diagnosis, operations, etc., I give lectures and demonstrations to the students, and visit the two other hospitals to help the staff there select the more difficult cases for the training hospital.

Wounded Soldiers

"We have special difficulties with the wounded soldiers, because we generally get these patients only after months, and they usually suffer from terrible bone infections which can only be cured with radical operations. Even a successful operation can often only prevent amputations of the extremities, whereas deformations and shortenings cannot be corrected because of the atrophy of the muscles, stiffening and consolidation of the bones which occurred during the period of transport from the front. It is tragic that we cannot get such patients earlier, for we could then prevent many people becoming crippled for life.

But in this district fighting extends over wide and isolated areas. Difficulties of transport are immense and innumerable, and our crowded hospitals are neither equipped with the necessary instruments, nor do they have trained personnel to perform operations, so that at present there is not much hope for a change of these general conditions.

Lack of Equipment

"Lack of instruments and medicine is still one of our main problems. I had once to perform a gynaecological operation with instruments that were quite unsuitable. *We have no special instruments for eye, nose, ear and throat; nor any special surgical equipment, microscope, X-ray, or laboratory Chemicals.* The local population in this area is completely ridden with syphilis, which we cannot treat successfully for lack of salvarsan. Then shortage of money makes it impossible for us to give our patients the right diet. We cannot establish any large hospitals—which would be more economic—because we must always be prepared to evacuate.

In spite of all the difficulties in work and getting life, I feel happier than for many years. To know that one can do useful and necessary work in helping these brave soldiers and people is a tremendous satisfaction. Our life is very simple, but I have nothing to complain about. *I would not want to change it for any other place.*"

米勒写给宋庆龄的报告

米勒在繁忙的工作中，坚持撰写战地工作报告，经马海德和贝特兰送往香港。下面就是米勒所写报告中的一份。这是中译本，原件是英文的，登载在宋庆龄领导的保卫中国同盟的机关刊物《保盟通讯》第 22 期上，是他在第十八集团军总部医院时反映的情况：

战地报告之一　山西的医疗情况

平民医院

总部附近有三个医院，一幢房子是供伤残者和病员住的。大部分病员都是老百姓，只有少数士兵。一个是有 100 张床位的内科医院，另一个是有 80 张床位的外科医院，附属于卫生学校（有 170 名学员）的第三个医院是最近建在此地的。

第三个医院有三方面的目的：向学生提供教学示范病例；为前两个医院不能确诊的病人进行诊断；实施手术，处理较复杂的病例。我是第三个医院的院长。

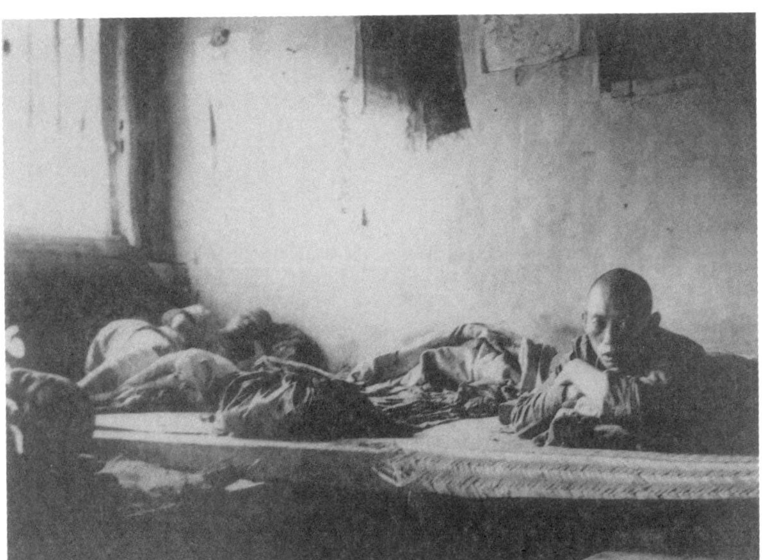

简陋的边区医院病房

《保盟通讯》

我们作出上述安排，原因在于医生们甚至没有做小手术的足够的训练；另外，有时在诊断中会遇到困难。我在这个医院里除了治疗、诊断、动手术等工作外，还给学生们讲课、做示范，访问其他两个医院，帮助那里的医务人员为教学医院挑选比较疑难的病例。

伤兵们

特别在治疗伤兵时，我们遇到了困难。因为，我们通常在几个月后才能接收下这些伤兵，他们的骨头往往有极其严重的感染，只有进行彻底的手术才能治愈。即使是很成功的手术，常常也只是免于截肢，但是因运送期间肌肉萎缩、骨伤处硬化导致的畸形和肢体变短，却已无法矫正。正因为运输问题，使得我们不能较早地接收病人，我们也就不能使许多人免于成为生活中的残废者。

但是，在这个地区里战斗扩展得相当广，并进入一些与别处隔绝的地方。运送的困难非常大，数不胜数。在我们拥挤的医院里，既缺乏必要的设备，也没有经过培训的动手术的大夫。所以，目前的基本条件尚无改变的希望。

缺少设备

缺少设备和药品仍然是我们的主要难题之一。我曾用非常不合适的器械进行一次妇科手术。我们没有眼、鼻、耳、喉外科的设备；没有任何特种外科设备、显微镜、X光机、实验化学药物。这里的本地居民中梅毒流行，由于缺少洒尔佛散，我们无法进行有效治疗。由于经费不足，也不可能向病人提供合适的饮食。我们无法建立任何大的医院——这需要很多钱——因为我们必须时刻准备着疏散。

尽管在工作上和生活中有许多困难，我仍感到这是多年来最幸福的。知道能为帮助这些勇敢的士兵和人民进行有益、必需的工作，这是一种巨大的满足。我们的生活非常简朴，但我没有任何怨言。我不愿意调换到任何别的地方去。

贝特兰在编辑米勒这篇报告时，特意加了编者按：

这封信是一位年轻的外国志愿人员写的。他是山西第十八集团军总部（最近华北游击战役的总部）的医生。他是一位德国的反法西斯战士，于一年前来到中国，以战地医务人员的身份来帮助中国军队。

贝特兰正是当年带队与米勒同行，从香港启程，用了三个月时间，押运大型救护车和一批医疗用品前往延安的“保盟”负责宣传工作的中央委员。那次运送之后，贝特兰曾专门写了一篇描写运送过程的报告，其中特别提到了米勒在旅途中，一路救治伤病员，临时接替吓呆了的司机，驾驶救护车等细节。他评价米勒，上路时还是初出校门的医学生，经过一路历练，成为老练的战地医生。

与敌人捉迷藏

为了适应战争环境和作战需要，一二九师卫生部决定缩小休养所，由米勒大夫组建一支医疗技术较强的手术队，在太行山区各根据地巡回医疗。手术队一共九人，到过邢台，去过濮阳、内黄地区，往返在辽县、榆社、武乡，进入过太岳区。尽管日军对太行山根据地组织了一次又一次疯狂的扫荡，原位于麻田的八路军总部都不得不数次撤离，米勒敬佩的左权将军也不幸牺牲。

但是米勒根据自己参加反扫荡的经历，摸索和总结了一套对付敌人的办法：一是不能跟随大部队走，因为部队是日军寻找、攻击的主要目标；二是不能追随大批村民走，因为他们目标大，容易成为日军发泄的对象；三是不能同日军开进的方向一致，因为容易被日军追上；四是不要进还没有被敌人扫荡、洗劫过的村子，因为这些村子很可能成为日军进攻的地方。

依据自己总结出的上述规律，米勒率领着手术队与敌人玩捉迷藏。

尽管日军的扫荡非常残酷，但是米勒率领的手术队比较精干，行动自由，一旦遇到扫荡，立即背着日军攻击的方向，远离我军行动方向，避开敌人，穿梭迂回于日军扫荡部队之间，活跃在广阔的太行山区。

1939年米勒随医疗队赴太行山途中

参加“百团大战”

米勒自豪地对我说，他参加了著名的“百团大战”，他曾经一次紧急转移200多名重伤员。

“百团大战”时，米勒在战地医院救治伤病员，日夜奋战，接收一批一批从战场上抬下来的伤病员，顾不上吃饭和休息，有时一天之中抢救伤病员100多人。

“百团大战”结束后，一二九师组建了一所重伤病员医院，把300多名重伤员集中起来进行手术。虽然当时医院人手少、药品缺、医疗条件差，但是米勒他们克服了种种难以想象的困难，用老百姓家的门板当手术台，点的是蜡烛，就这样，抢救了许多重伤员。

由于米勒个子大，在低矮的门板上连续做手术，换药腰累得直不起来，他就干脆蹲或跪在地上干，根本想不起叫苦叫累。

有一天，米勒正在做手术，一个老乡来报告说，日本鬼子就要到村里来扫荡了，大约还有八里路的距离，也就是说，时间非常紧迫！

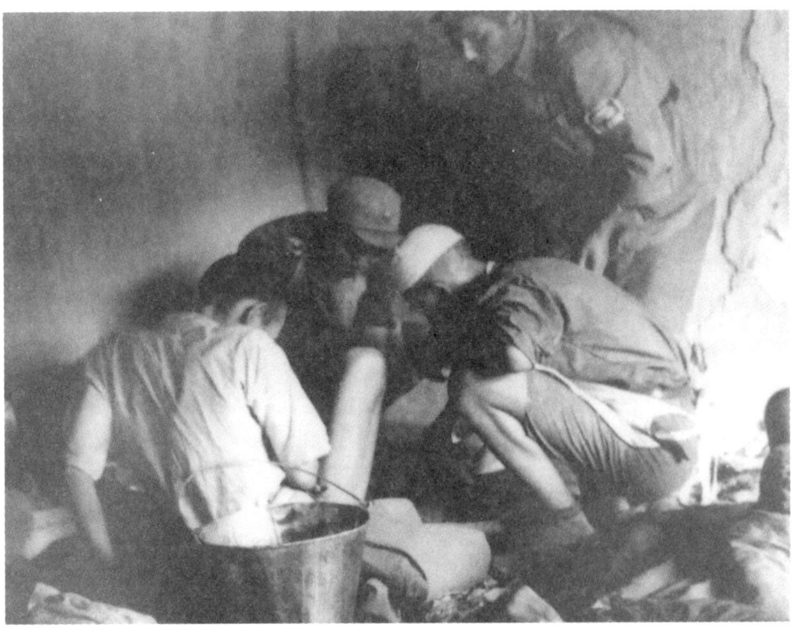

米勒（右前）蹲在地上做手术

运送伤病员

扛着担架过河

运送医疗物资到边区

当时的情况太紧急，伤病员 200 多个，其中危重病人 40 多个，而所有的工作人员则不到 20 人。米勒当机立断，马上转移，把所有伤病员转移到山上。

米勒一边指挥护士搀扶轻伤员上山，一边亲自与老乡一起用门板抬着重伤员转移。重病人要四个人抬，山路又窄又陡，磕磕绊绊地很难走，他也不知道哪来的力气，为了与敌人抢时间，他和大家竭尽全力，把伤员一个个地藏在山上的石头缝或山洞里，他山上山下不知来回跑了多少次，背了多少伤病员，心里只有一个念头，不能让伤病员落到敌人手里。在全体同志共同努力下，200 多名伤病员全部赶在敌人到来之前胜利转移到了安全地带。当最后一名重伤员抬上山时日军就到了，真险呀！这次行动仅有一名姓王的重伤员在山洞里牺牲，200 多名伤病员全部获救了，但米勒累得差点吐血。

“灭虱”大战

一天，米勒接到一个紧急任务，要求他带领一个医疗组去杨得志部队工作。

原来，这支英勇善战的部队刚由山东调到陕北，就染上了斑疹伤寒。由于医疗力量不足，药品匮乏，病人一天一天增加，疫情无法控制，死亡情况已有发生，部队情绪很不稳定。上级曾派去过两个工作组，都未能彻底解决问题。

疫情就是命令！米勒带着医疗组当天傍晚就赶到了部队驻地。下马后，米勒顾不上休息，就找到卫生科长了解疫情，要求科长简要报告目前的病情、症状、死亡人数、应对措施。

卫生科长汇报说，最早发现病人是一个月前，当时误以为是水土不服而引起的肠胃炎和感冒。明确诊断是在20多天前，斑疹伤寒的症状已十分明显，并且发现病人的初期症状与第一例发病的几乎一模一样。到目前为止，病人已达两百，十天前开始出现死亡，昨天又有一名战士去世。由于药品缺乏，医务人员少，病人多，且居住分散，照顾上很困难。采取的措施是中草药退烧，用小米做营养品。目前部队对医务人员有意见，患病者悲观，未病者恐惧，牢骚话很多。

卫生科长接着汇报说，“我们曾对病人进行了隔离，还动员全体人员灭虱。由于住得分散，缺少大锅，天气又冷，战士们对煮烫衣服的方法牢骚很大，不肯配合。”

米勒认为，问题可能就出在这里。虱子不消灭，疾病流行制止不住。米勒决定，第二天一早先到发病最严重的连队检查。

斑疹伤寒是一种严重的传染病，病期长，死亡率较高，即使治愈后，病人体力消耗也很大。在下连队了解情况的过程中，米勒发现在部队驻地和病人隔离区，都没有彻底消灭虱子，而虱子正是斑疹伤寒传染的唯一媒介。这个环节做得不彻底，虱子就会把病原体从发病者或潜伏期病人身上传给健康人。

根据这一情况，米勒领着医务人员立即制订出彻底灭虱计划，同时决定加强对病人的管理和治疗。

计划得到部队首长同意后，他们先分头做了灭虱动员，说明了灭虱与疾病的关系，然后命令各部队开始行动。他们在部队集中的地方支起大铁锅，要求每个官兵脱光衣服，送交煮沸灭虱。

这支部队的战士们大都是山东汉子，打仗勇敢，但脾气耿直火爆，听说要脱光衣服烫煮，大家七嘴八舌，一片牢骚。这时，已近深秋，陕北的气候寒冷，一天中温差大，早晚寒气逼人。被煮过的衣服、被褥短时间又干不透，因此战士们怪话连篇，甚至拒不执行。

但是米勒要求严格，不许违令。他亲自到各驻地检查执行情况，对于贯彻不力的干部予以严肃批评，对灭虱不彻底的连队，命令再次进行，直到达到要求为止，惹得这批山东兵对米勒一肚子的火！

煮沸灭虱这个最简便的消除传染源的办法实施后，很快见了效。两个星期后，斑疹伤寒的传染就得到了基本控制，新发病人数逐日减少。同时由于加强了病人隔离的管理和治疗，死亡率也急剧下降，大批病人逐渐恢复了健康。在米勒的坚持与指挥下，“灭虱”大战终于打赢了，在严冬到来之前，部队中的瘟疫被有效制止了，山东大汉主动伸出大拇指夸米勒：“还是你这个大鼻子大夫行！”

彭德怀赠送皮夹克

米勒与彭德怀的感情很深厚，当年在延安，米勒曾与彭德怀在一个土炕上聊天。他身上穿的一件短款皮夹克就是彭德怀从自己身上脱下，赠送给米勒，并亲自为他穿上的。

米勒对我讲了这件皮夹克的故事。自从米勒来到第十八集团军，三年的奔波转移，繁重的医疗任务加上缺乏营养，他壮实的身体逐渐被拖垮了。除了消化道疾病外，他还患上了细菌性痢疾，生命一度垂危。刘伯承得知后立即要求卫生部关心米勒的健康，把当时治疗痢疾的最好的药给他用上，指示一定要治好他。

彭德怀看到米勒病体变得如此瘦弱，立即从身上脱下自己的皮夹克，披在米勒身上。彭德怀说，皮衣虽然旧了

彭德怀将军

些，也短了些，但还是可以挡挡风寒。不久，米勒又感染了伤寒，高烧持续不退。

军区卫生部长钱信忠亲自带领最好的医生给他会诊，在万分困难的条件下，想方设法调来了葡萄糖，并派了特别护理，用鸡蛋羹、小米稀饭、白糖等来给米勒滋养身体。八路军总部经常来电询问米勒的健康状况，再三命令一定要尽一切力量使他脱离险境，恢复健康。邓小平还专程来看望米勒。

1980 年代，我陪同米勒重返太行山，在彭德怀当年住过的窑洞里，米勒久久不肯离去。最后，他恳切地提出一个要求说：我能不能在彭德怀睡过的土炕上再坐一坐？陪同的同志满口允诺。于是，米勒一屁股坐在土炕上，一边抚摸着，一边回想着他与彭德怀当年共睡在这个土炕上通宵聊天的一幕幕往事和他们之间的友情。

身穿皮夹克的米勒

尽量保全肢体

一切为了病人，是米勒的原则。这个感人故事不是米勒对我讲的，而是我同事的哥哥蔡培森告诉我的。

蔡培森在百团大战时被日军瓦斯弹击中，身负重伤，被担架抬到了一二九师野战医院，为他治疗的正是米勒。

与蔡培森一起送来的共有五个特重伤员，都是肢体里有诸多弹片。当时，战事紧张，医药紧缺，一般对难治而没有生命危险的伤员往往采取截肢手术，这样伤口愈合快。

可是米勒没有这样做。与蔡培森同病房的一个病人，是陈锡联旅的战士，膝盖里有弹片。米勒为了保住他的腿，反复考虑治疗方案，设法既能取出膝盖里的弹片和碎骨，又不加重关节的损伤。经过一天的细致手术，米勒取出了弹片和碎骨，保住了这个伤员的腿。

蔡培森也是膝盖里有弹片和碎骨，米勒同样用了大半天时间进行手术，取出了弹片和碎骨。但是，由于身体虚弱，伤员全身麻醉后休克了，处于死亡的边缘。米勒及时注射强心针，挽救了他的生命，也保住了他的肢体。五名重伤员全部保住了肢体，重返战斗岗位。

蔡培森在治疗期间，亲眼看见米勒在缺少医疗用品的情况下，反复使用经过蒸煮消毒的用过的纱布和棉球。

当时领导照顾国际友人，给米勒一些营养品，可是他舍不得吃，全给了重伤员补营养。米勒空闲时还与工作人员以及轻伤员一起上山背柴。

痛失手术器械

米勒时常提起他从瑞士带来的那套手术器械，那是他十分心爱的宝贝，他曾使用它挽救了成千上万条战士的生命。可惜，在突破封锁线返回延安的途中它们却遗失了。米勒对这套宝贵的器械极为珍爱，多年后仍念念不忘。因此，我也牢牢记住了他对我讲述的这个故事。

1943年元月，米勒不幸患了重症痢疾，导致昏迷不醒，延安紧急发来电报要求尽快送他回延安。从晋东南到延安绵延近千里路，沿途多是崇山峻岭、千沟万壑，同志们用担架抬着米勒上路，同行的还有曾任北平燕京大学教授的美国无线电专家林迈可。

米勒回延安，必须经过日军的封锁线。日军在陕甘宁与晋冀鲁豫之间的必经之路设了一道封锁线，一般人化装成老百姓也许能过去，可是米勒即使穿上老百姓的衣服，头上扎着老百姓的毛巾，他的大鼻子别人一看就是个外国人，怎么也混不过去，必须要等待机会才行。

同年3月，米勒一行途经山西交城县八路军晋绥八分区时天色已暗，八分区领导告诉米勒：在不久前的战斗中有一位身负重伤的张营长目前在山上生命垂危。米勒不顾自己身体虚弱，立即在雷声参谋的陪同下骑马上山。晚上11点，米勒赶到护林人的茅草房里，看到了躺在床上的张营长。他一边询问伤情，一边检查伤口，发现伤员是胸部贯穿伤合并脓胸感染，于是决定："必须马上做手术！"在没有严格的消毒措施、没有任何麻药麻醉，仅有若明若暗的四个手电筒和几支蜡烛照明的环境下，米勒用随身带来的手术器械，从张营长左侧后背子弹出口处切开，清除了碎骨和腐肉，并插入导管排脓。手术结束后，排脓也是个不容轻视的环节。米勒对张营长说："你看，我已经把你伤口肋骨间的碎骨头和腐肉都清理了，这样就容易排脓了，但是接下来还需要设法把脓排出来。"米勒想了个办法，建议尽快去买个排球或篮球的球胆，通过用吹球胆的办法帮助排脓。这个办法很灵，伤口里的脓果真被排了出来。

这是一次成功的手术，也是一次令米勒难以忘怀的手术，因为这是米勒最后一次使用他心爱的手术器械。这套手术器械是他 1939 年从瑞士亲自选购带来中国的，已经跟随他多年，在战争年代的抗日根据地，异常珍贵，并且使用起来十分得心应手。

就在这次手术之后，米勒等来了突破封锁线的机会。可是，行动中，护送人员中一位小战士不慎暴露了目标，在紧急撤离的战斗中，他还把米勒从瑞士带来的那套手术器械丢失了。每每提起这件事，米勒都十分心疼，十分惋惜。多年后他仍念念不忘：张营长是他使用自己那套心爱器械救治的最后一位伤员。1992 年，我们捐给中国革命博物馆的那个听诊器就是那套器械中的一件，因为米勒当年随身携带而没有遗失得以保存下来。

巧的是，在米勒逝世后，我与那位当年被救的张营长相遇了，他就是新中国成立后被授予少将军衔的张中如。我们两家竟然住得很近！张中如将军说，他永远忘不了自己的救命恩人——大鼻子米大夫。幸亏米大夫当年救了他一命，又教了他有效排脓的方法。如今他健康地安享晚年生活，已经 96 岁了。

少将张中如

晚年张中如

洋院长的高招

米勒治疗上有一套，管理上也有一套。

全面内战打响后，冀察热辽野战医院局面混乱，医院里有一百多名伤员，他们大多是抗日战场上英勇善战的山东大汉，却在内战中受了伤，他们对前途充满忧虑，为不能迅速痊愈重返部队而烦躁不安。每当医院管理、护理或治疗上出现某些缺陷或供应上出现一些不足时，都会引发他们的不快和抵触情绪。有的伤员会因一些小事大发雷霆，粗暴地对待医务人员，个别伤员甚至会掏出手枪加以威胁。之前，已有两位院长因无法改变此局面而离任。

米勒就是在这时被调来担任这老大难医院的院长的。

一开始，当伤员们听说来了位德国院长时，并不买账。有个调皮捣蛋的李班长，抗战胜利时，满以为可以解甲归田，安居乐业了，谁知在内战中成了第一批伤员，且伤口化脓，迟迟未愈。这使他暴躁的脾气更加加剧，经常与医护人员吵架，说怪话。他公开扬言："不管是洋院长还是土院长，治不好我的伤，我就割他的鼻子。"

米勒上任第一天就召开了全体医务人员大会和伤病员大会，他用并不流畅的中文对大家说，蒋介石正在调集大军，一场大规模的进攻就在眼前，局势非常严重。我和大家一样，希望早一点把大家的病治好，使大家早日归队。现在所有伤病员的首要任务是接受治疗，治疗就必须服从医务人员的安排，就如同战士在前线必须服从指挥员的指挥一样。

接着，米勒宣布了两条纪律：一是全体伤病员的枪支一律上缴，由医院保卫部门负责保管。病房是治疗疾病的地方，不准携带枪支。二是任何伤病员都要服从医务人员的要求，违者将以军法处置。

最后，米勒又向大家保证，将在目前困难的条件下，尽早治好大家的伤，尽量改善医院的管理和伙食，力争让大家早日康复，出院归队。

以李班长为首的几名“调皮”伤员，认出了这位德国院长正是那个在陕北强迫他们脱衣灭虱的大夫！当时，正是这位倔强的大夫阻止了瘟疫的蔓延，也赢得了部队上下的尊敬与信任。今天，这位高鼻子大夫又以他倔强的个性提出了严格的纪律要求，一下子镇住了大家。

会后，米勒对一百多位伤员逐个进行了认真检查和治疗，他专门为调皮的李班长作了扩创引流等处理。他要求全体医务人员，必须十分关心伤员，不允许任何不负责任或敷衍了事的事情发生。米勒还亲自下伙房，了解情况，向上级部门要来了白面和肉类，设法改善伤员的伙食。

仅仅一周过后，医院秩序恢复，管理走上正轨，伤员思想稳定，医疗效果明显提高。

可是，战事也越来越激烈。医院转移迫在眉睫，米勒敏锐地意识到必须尽快组织起一支武装力量，保卫医院和伤员的安全。

由哪些人组成这支队伍？由谁来当这支队伍的头？米勒想起了调皮捣蛋的李班长。他正式通知李班长到院长室来谈话。李班长想：米院长一定听说了我要割他鼻子的狂言，来找我算账了。他怀着忐忑不安的心情去见米勒。没想到，米院长找他是商量建立保卫队，还请他来负责。小李完全没有想到。他问米院长，为什么不向军区抽调兵力？米勒告诉他，目前军区不可能抽出兵力来管这些，只能从医院的伤病员中组建。米勒请小李回去考虑一下后回答自己。

小李没想到，米院长不仅不计较自己过去的表现，还如此信任自己，十分激动，他回答，我干！然后，他惭愧地对米勒说，我过去讲过怪话，现在我向你保证，将用我全部力量包括生命，完成保卫医院和伤病员的任务。

米勒拍拍小李的肩膀，让他回去提个名单，明天召开会议，然后正式成立警卫排。至于自己的大鼻子，“将来你不满意的时候，还是可以割的”。

米勒又从病员中找到了一名在延安时认识的王团长，

让他担任军事顾问。这样，米勒为医院即将面临的转移提前组成了由院长、政委和军事顾问三人组成的指挥机构。

不久，军区领导下达了让医院向后方转移的命令，米勒在全院大会上宣布了三人团的有关决定。全院紧急动员，每一个人都明确了职责和任务，为了行动方便，临时又组成了两个医疗小组，一个以外科为主，一个以内科为主。几十辆大车组成的医院队伍，一路颠簸，但是因为组织有序，且大家为了一个共同的目标——顺利转移，所以个个通情达理，毫无怨言。

途中，一度与上级失去联系，米勒凭借经验与判断，果断地抢在敌人前面，将医院带到安全地带。特别是在围场时，又接收了军区交给的一个80名残疾军人的荣军所，和一个不到百人的干部训练班以及几批与自己队伍失去联络的小部队，人员达到500多个。在得不到上级指示的时候，米勒率领的这支特殊部队，果断地北上，在没有任何损失的情况下，顺利到达目的地，完成了转战千里的行军任务，受到军区首长的通令嘉奖。

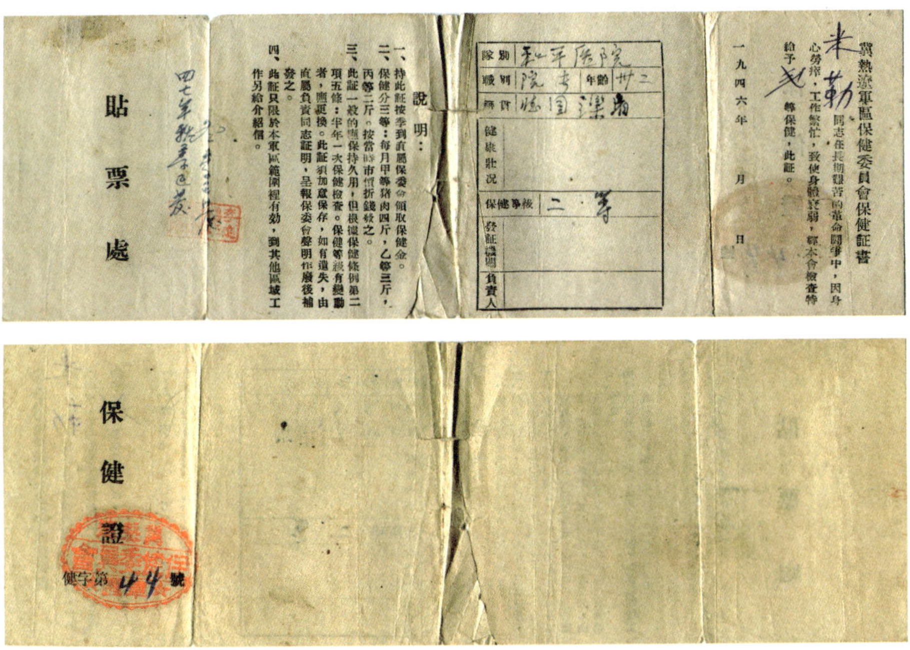

米勒使用的1940年代边区干部医疗证正反面

爱情花开

我对米勒很是敬佩，很愿意当他的助手，我们在一起工作的日子十分愉快。

前线手术队是根据战事需要临时组成的。手术队的人员从各医院选调，在需要时集中，任务完成后，返回各自单位。我在手术队的任务完成后，又回到了后方医院。

可是，此时的战况很激烈，国共双方在东北反复进行了争夺战，辽西地区是战斗的最前线。除了后方医院外，许多八路军医护人员都奔赴前线，投入抢救伤病员的战斗。

1947年的春季和秋季，我共四次奉命到前线手术队，其中三次是在米勒的率领下，进行火线抢救。手术队到了一个地方，就临时借老百姓的房子当手术室，拆下门板铺上布单当手术台，进行临时救治。手术队经常转移，昼夜行军，老百姓用门板当担架抬着伤员，路不好走，有时人会陷在泥坑里。途中还有国民党的飞机轰炸。敌机一来，我就和担架队员抬着伤员躲进芦苇荡里隐蔽。夜里行军，四周漆黑一片，死一般恐怖。

刚开始时，我感到很害怕，也很紧张。当时，我中国话也不怎么通，心想日本兵干了这么多坏事，当地老百姓都恨日本人，万一掉了队，被老百姓杀了可怎么办？部队领导也有担心，就让我们尽量不要讲话。但是，老百姓知道我是日本人后，不但没有伤害我，反而热情关照。这么通情达理的中国老百姓，真的令我十分感动。

我与米勒在前线手术队共有三次共事。经过密切的配合与接触，我们彼此在工作中已经很熟悉了。

然而，没有多久，手术队的使命随着战役的结束而结束了，我们要分别了。米勒提议说，我们到河边走走吧。

记得那天的河边景色很美。米勒问我，我们之间的友谊，能否再进一步发展？

我问“怎么进一步？”米勒答，发展为特殊的关系，也就是超过一般同志的关系，将来结为夫妻，建立家庭。

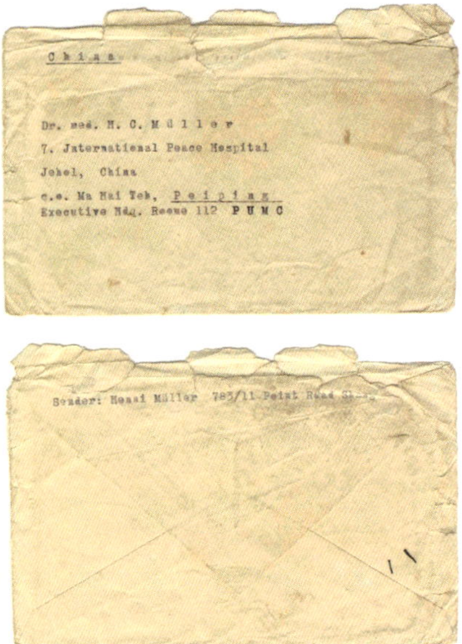

米勒母亲写给米勒的信

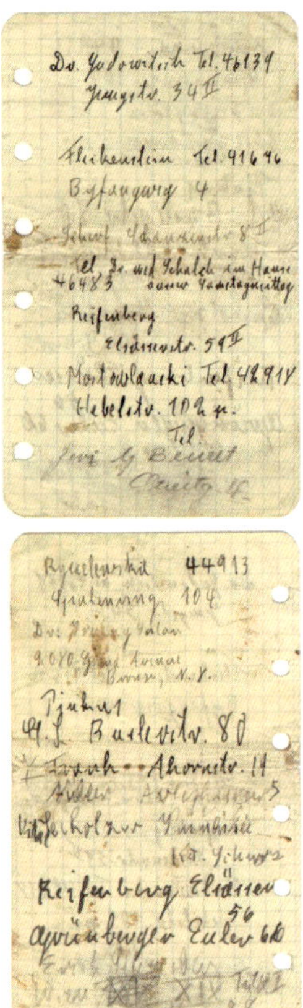

米勒手抄的通讯录

米勒直爽地表达了他的态度。

我没有回答，心里很乱。我虽然对米勒印象不错，但是我认为自己年龄还小，从来没有想过留在中国成家。而且当时我特别想家，想回日本。米勒见我低着头，不说话，就追问我，是否嫌他年纪大？我说，不是，不是。他又问，是否因为我是德国人？我又摇头。他问，是否怕我将来欺负你？我再摇头。米勒说，我向你保证，一定会对你好。我忙说，我相信，我相信。

米勒不解地问我，那为什么不答应？

我说，我还没有决定是回日本还是留在中国，所以我现在没办法回答你。

米勒表示理解。他说，抗日战争一结束时，他也急切地想回德国，作为一个独生子，远离故乡十多年，他太想念父母了。他到中国来后，一度曾通过马海德与王安娜等人与母亲联系上了，虽然无法见面，但他曾经与母亲通信，也知道母亲为了寻找他从德国到了上海。母亲试图与他在北京见面，等了好几年。抗战胜利后，母亲突然接到父亲从集中营出来的消息，匆忙回国前，她留下自己在德国新的通信地址，请王安娜转交给米勒。可是，王安娜不慎弄丢了他母亲留给他的德国住处的通讯地址，他们的通信就此中断了，从此失去了联系。米勒至今不知父母的下落。

下面就是她诸多封来信中的一封。

上海，1946 年 8 月 1 日
（周家嘴）角路 783/11

我亲爱的汉斯－库尔特：

你无法想象我是多么的高兴就在我过生日的那天收到了你写来的信。终于又收到你写的信了。你一切都好，我很高兴。我现在还不错，我前不久重病了一场，但我现在完全康复。遗憾的是，由于这里的气候我的心脏恢复得不太好。父亲很幸运，他从特莱西恩施塔获释了，我已经写信告诉了你，但不知你是否能收到我的信件。当然父亲渴望地等待着我回家。我在 Aunra 登记了回程票，但没有人能告诉我什么时候起程……

我由衷地希望能到你那儿去几个星期，我的儿子，我们有那么多的话要说，并且我多想把你紧紧抱在怀里。但是，这个梦想和愿望是否能够实现是个问题。不过我想，如果你能做到的话，有一个可能性。我听说从这里到北京飞机只需要四个小时，最好不坐火车因为不安全。在里弄里住着一位年轻的女士，她在南京受聘，前几天她飞回去了，我和她父亲说话来着……

父亲在德根多夫的一个疗养院，但是正如他写的，这个疗养院在冬季将关闭，正在考虑把疗养院的人分配到三个疗养胜地巴特赖兴哈尔、图乐兹、贝希特斯加登。杜塞尔多夫的斯滕格尔女士也在德根多夫，她丈夫 1944 年 6 月去世，四星期后她进了集中营。这几乎是每个家庭的命运。战争结束前四周阿尔题·科尔战死……

我的儿子，你过得好是我多大的幸福，你是无法想象的。你的幸福和满足补偿了父亲和我的过去的 12 年。希望赐予我们的是将来还能在你的身边过几年。不会有很长时间了，父亲快 71 岁，我已经 66 岁。这些过去的岁月，我的儿子，按双倍算。我亲爱的汉斯－库尔特，今天我就到此结束。这儿是一种压抑的湿热，写字时手就粘在纸上。

别了我亲爱的儿子，继续保持健康并且希望我们不久能见面与说话。

忠实爱你的

母亲

米勒说，母亲的信让他越发思念父母。

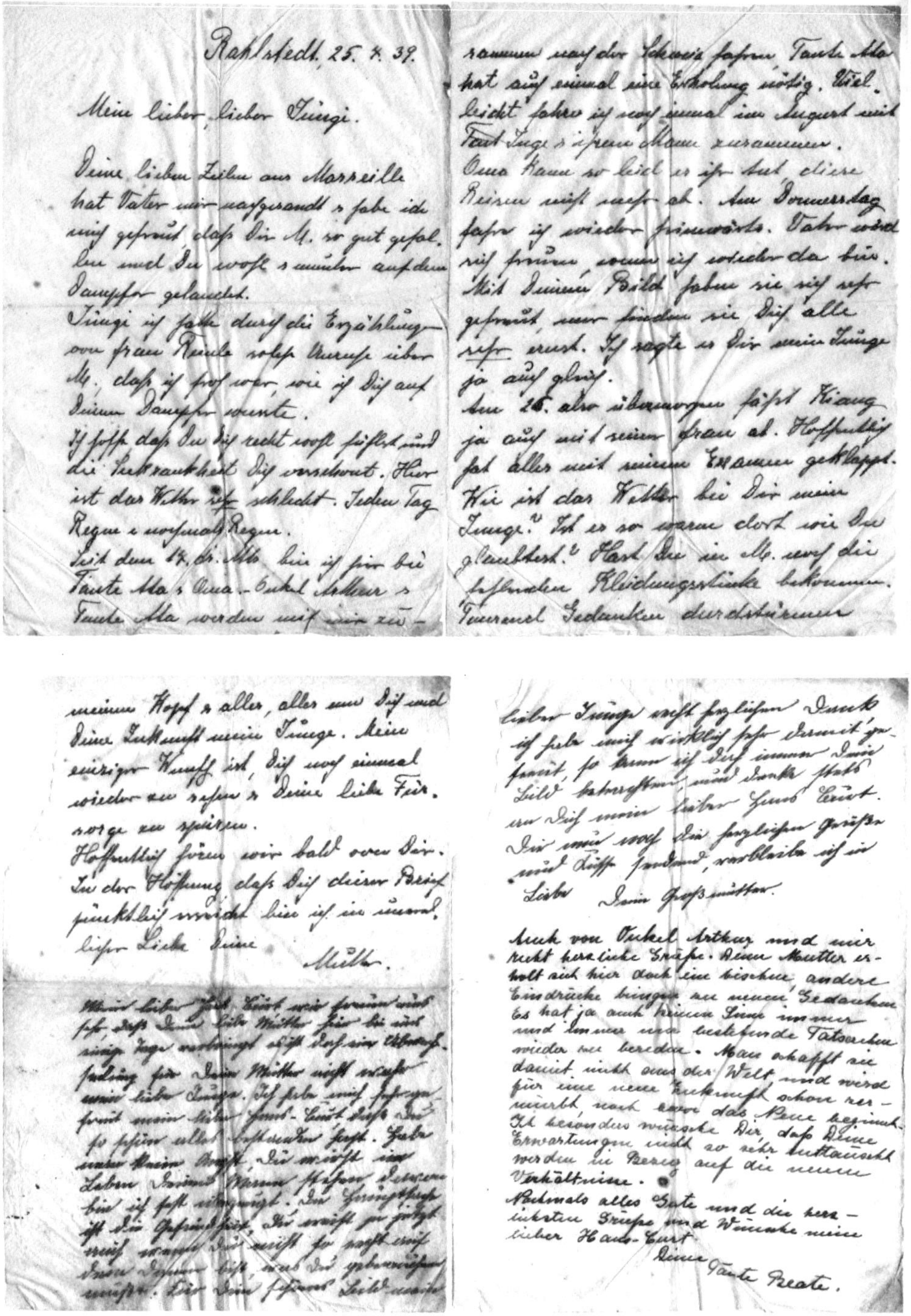

Rahlstedt, 25.7.39.

Mein lieber, lieber Jungi.

Deine lieben Zeilen aus Marseille hat Vater mir nachgesandt u. habe ich mich gefreut, dass Dir M. so gut gefallen und Du wohl u. munter auf dem Dampfer gelandet.
Jungi ich hatte durch die Erzählungen von Frau Reule solche Unruhe über M. dass ich froh war, wie ich Dich auf Deinem Dampfer wusste.
Ich hoffe dass Du Dich recht wohl fühlst und die Seekrankheit Dich verschont. Hier ist das Wetter sehr schlecht. Jeden Tag Regen u. nochmals Regen.
Seit dem 14. d. Mts. bin ich hier bei Tante Ma u. Oma. Onkel Arthur u. Tante Ma werden mich nun zusammen nach der Schweiz fahren. Tante Ma hat auf einmal eine Erholung nötig. Vielleicht fahre ich noch einmal im August mit Tante Inge u. ihrem Mann zusammen. Oma kann so leid es ihr tut diese Reisen nicht mehr ab. Am Donnerstag fahre ich wieder heimwärts. Vater wird sich freuen, wenn ich wieder da bin. Mit Deinem Bild haben sie sich sehr gefreut und finden sie Dich alle sehr ernst. Ich sagte es Dir mein Junge ja auch gleich.
Am 26. also übermorgen fährt Kiang ja auch mit seiner Frau ab. Hoffentlich hat alles mit seinem Examen geklappt. Wie ist das Wetter bei Dir mein Junge? Ist es so warm dort wie Du glaubtest? Hast Du in M. noch die fehlenden Kleidungsstücke bekommen. Tausend Gedanken durchstürmen meinen Kopf u. alles, alles um Dich und Deine Zukunft mein Junge. Mein einziger Wunsch ist, Dich noch einmal wieder zu sehen u. Deine liebe Fürsorge zu spüren.
Hoffentlich hören wir bald von Dir. In der Hoffnung dass Dich dieser Brief pünktlich erreicht bin ich in unendlicher Liebe Deine

Mutti.

Mein lieber [illegible] ... lieber Junge recht herzlichen Dank ich habe mich wirklich sehr damit gefreut, so kann ich Dich immer [illegible] Bild betrachten [illegible] an Dich mein lieber Hans Curt. Dir nun noch die herzlichsten Grüße [illegible] verbleibe ich in Liebe

Deine Großmutter.

Auch von Onkel Arthur und mir recht herzliche Grüße. Deine Mutter erholt sich hier doch ein bischen andere Eindrücke bringen sie auf neue Gedanken. Es hat ja auch keinen Sinn immer und immer nur bedrückende Tatsachen wieder zu bereden. Man schafft sie damit nicht aus der Welt und wird für eine neue Zukunft schon zermürbt, noch ehe das Neue beginnt. Ich besonders wünsche Dir, dass Deine Erwartungen nicht so sehr enttäuscht werden in Bezug auf die neuen Verhältnisse.
Nochmals alles Gute und die herzlichsten Grüße und Wünsche mein lieber Hans-Curt

Deine Tante Beate.

米勒父母写给米勒的信

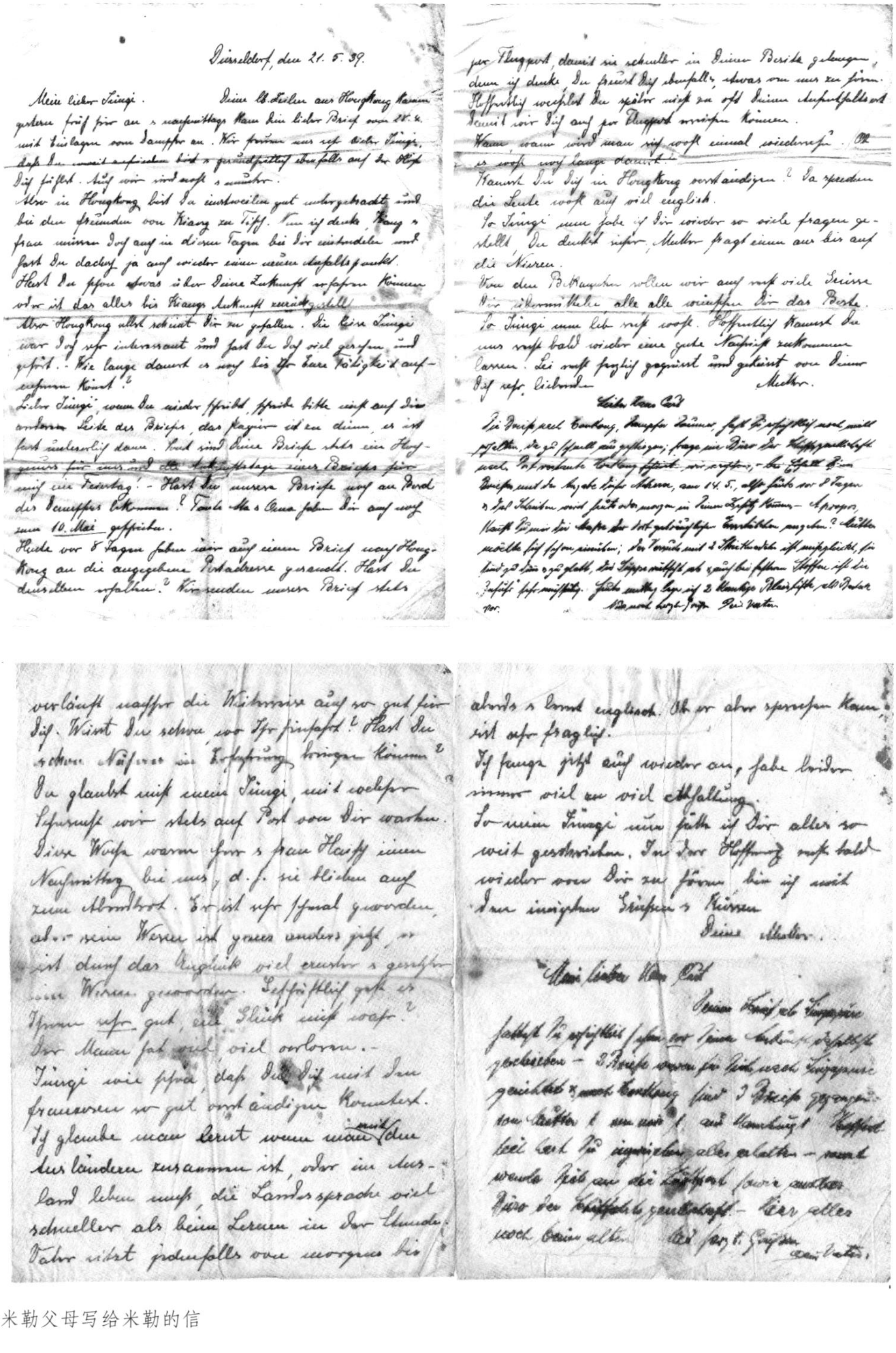

米勒父母写给米勒的信

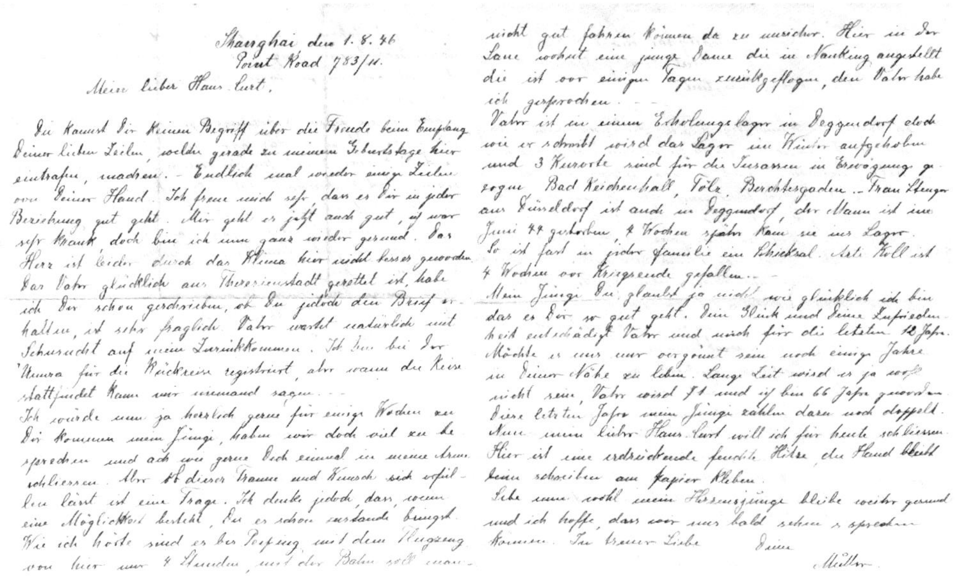

Shanghai den 1. 8. 46
Point Road 783/11.

Mein lieber Hans-Curt,

Du kannst Dir keinen Begriff über die Freude beim Empfang Deiner lieben Zeilen, welche gerade zu meinem Geburtstage hier eintrafen, machen. – Endlich mal wieder einige Zeilen von Deiner Hand. Ich freue mich sehr, dass es Dir in jeder Beziehung gut geht. Mir geht es jetzt auch gut, ich war sehr krank, doch bin ich nun ganz wieder gesund. Das Herz ist leider durch das Klima hier nicht besser geworden. Dass Vater glücklich aus Theresienstadt gerettet ist, habe ich Dir schon geschrieben, ob Du jedoch den Brief erhalten, ist sehr fraglich. Vater wartet natürlich mit Sehnsucht auf mein Zurückkommen. Ich bin bei der Unrra für die Rückreise registriert, aber wann die Reise stattfindet kann mir niemand sagen. – –
Ich würde nun ja herzlich gerne für einige Wochen zu Dir kommen mein Junge, haben wir doch viel zu besprechen und ach wie gerne Dich einmal in meine Arme schliessen. Aber ob dieser Traum und Wunsch sich erfüllen lässt ist eine Frage. Ich denke jedoch, dass, wenn eine Möglichkeit besteht, Du es schon zustande bringst. Wie ich hörte sind es bis Peping mit dem Flugzeug von hier nur 4 Stunden, mit der Bahn soll man nicht gut fahren können da zu unsicher. Hier in der Lane wohnt eine junge Dame die in Nanking angestellt die ist vor einigen Tagen zurückgeflogen, den Vater habe ich gesprochen. – –
Vater ist in einem Erholungslager in Deggendorf doch wie er schreibt wird das Lager im Winter aufgehoben und 3 Kurorte sind für die Insassen in Erwägung gezogen Bad Reichenhall, Tölz, Berchtesgaden. – Frau Stenger aus Düsseldorf ist auch in Deggendorf, der Mann ist im Juni 44 gestorben, 4 Wochen später kam sie ins Lager. So ist fast in jeder Familie ein Schicksal. Aiti Woll ist 4 Wochen vor Kriegsende gefallen. – –
Mein Junge Du glaubst ja nicht wie glücklich ich bin dass es Dir so gut geht. Dein Glück und Deine Zufriedenheit entschädigt Vater und mich für die letzten 12 Jahre. Möchte es uns nur vergönnt sein noch einige Jahre in Deiner Nähe zu leben. Lange Zeit wird es ja wohl nicht sein, Vater wird 71 und ich bin 66 Jahre geworden. Diese letzten Jahre mein Junge zählen daran noch doppelt. Nun mein lieber Hans-Curt will ich für heute schliessen. Hier ist eine erdrückende feuchte Hitze, die Hand bleibt beim schreiben am Papier kleben.
Lebe nun wohl mein Herzensjunge bleibe weiter gesund und ich hoffe, dass wir uns bald sehen & sprechen können. In treuer Liebe Deine
Müller.

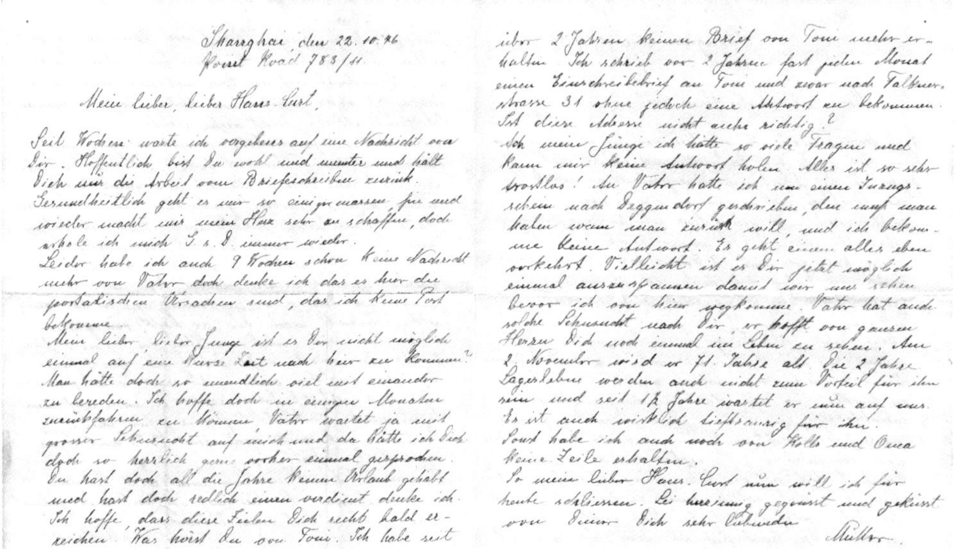

Shanghai den 22. 10. 46
Point Road 783/11.

Mein lieber, lieber Hans-Curt,

Seit Wochen warte ich vergebens auf eine Nachricht von Dir. Hoffentlich bist Du wohl und munter und hält Dich nur die Arbeit vom Briefeschreiben zurück.
Gesundheitlich geht es mir so einigermassen, hie und wieder macht mir mein Herz sehr zu schaffen, doch erhole ich mich G. s. D. immer wieder.
Leider habe ich auch 9 Wochen schon keine Nachricht mehr von Vater doch denke ich dass es hier die postalischen Ursachen sind, dass ich keine Post bekomme.
Mein lieber, lieber Junge ist es Dir nicht möglich einmal auf eine kurze Zeit nach hier zu kommen? Man hätte doch so unendlich viel mit einander zu bereden. Ich hoffe doch in einigen Monaten zurückfahren zu können. Vater wartet ja mit grosser Sehnsucht auf mich und da hätte ich Dich doch so herzlich gerne vorher einmal gesprochen. Du hast doch all die Jahre keinen Urlaub gehabt und hast doch redlich einen verdient denke ich. Ich hoffe, dass diese Zeilen Dich recht bald erreichen. Was hörst Du von Toni. Ich habe seit über 2 Jahren keinen Brief von Toni mehr erhalten. Ich schrieb vor 2 Jahren fast jeden Monat einen Einschreibebrief an Toni und zwar nach Falknerstrasse 31 ohne jedoch eine Antwort zu bekommen. Ist diese Adresse nicht mehr richtig?
Ach mein Junge ich hätte so viele Fragen und kann mir keine Antwort holen. Alles ist so sehr trostlos! An Vater hatte ich um einen Zuzugsschein nach Deggendorf geschrieben, den muss man haben wenn man zurück will, und ich bekomme keine Antwort. Es geht einem alles eben verkehrt. Vielleicht ist es Dir jetzt möglich einmal auszuspannen damit wir uns sehen bevor ich von hier wegkomme. Vater hat auch solche Sehnsucht nach Dir, er hofft von ganzem Herzen Dich noch einmal im Leben zu sehen. Am 2. November wird er 71 Jahre alt. Die 2 Jahre Lagerleben werden auch nicht zum Vorteil für ihn sein und seit 1½ Jahre wartet er nun auf uns. Es ist auch wirklich tieftraurig für ihn.
Sonst habe ich auch noch von Wolls und Oma keine Zeile erhalten.
So mein lieber Hans-Curt nun will ich für heute schliessen. Sei herzinnig gegrüsst und geküsst von Deiner Dich sehr Liebenden
Müller.

米勒父母写给米勒的信

1950年代米勒（左）、马海德、王安娜在北京

抗战胜利后，他离开延安到东北，就是为了经苏联回德国，但是内战的全面爆发，阻断了他的回国路。看到东北这么需要他，他决定先留在东北继续革命，等今后有机会，他再回德国去见父母。

米勒说，我不能强迫你留在中国，不能强求你现在和我结婚，但是我喜欢你，愿意等你，只要你决定不回日本了，我们就结婚。

我无法拒绝，只能表示同意。

那以后，我们又回到了各自的部队医院。

虽然与米勒分开了，但是他的形象时不时地会出现在我的脑海里。有时候，我还真会想念他。

两个“鬼子”的结合

1948 年，八路军和东北民主联军改称人民解放军，我又成为了解放军中的一员。1949 年 1 月，人民解放军解放了天津。5 月，我随部队来到天津附近的杨柳青，在冀察热辽军区司令部卫生所做干部保健工作。

这时的工作和生活条件比在东北好多了。经过几年硝烟烽火，我已经完全融入了革命队伍和这里的人民群众之中了。

辽沈战役结束后，东北野战军开始入关。米勒奉命与老领导李资平一起组建东北野战军的医院管理处，负责在东北的管理工作。米勒被任命为卫生主任。平津战役结束后，他们又奉命南下，进驻天津。米勒一直未婚，除了我，他不与任何人谈恋爱。李资平很为他着急，恰巧李资平的妻子林紫有一次与五十军政委的夫人聊天，说起米勒大夫不愿谈恋爱，是因为他喜欢的一位日本护士回国了。还说起那位回日本的护士叫中村。那位夫人说，前几天我还在天津卫生所看见一位叫中村的护士，既没有回日本，也没有结婚，不知是不是同一个中村？于是李资平马上通过组织上了解，发现我就是米勒要找的中村。

李资平为了成全我们，将他下属单位一名日本籍的助产士与我工作对调，将我调到了米勒身边工作。

有一天，我出完早操后正与大家坐在一起学习，就看见我们所长一个劲儿看我。我觉得他的眼神很古怪，但是不知道是为什么。学习结束后，他让我留下，说要与我谈话。我问他，要谈什么？他问我，认不认识米勒？开始我没反应过来。说，我不认识。他提示说，是个洋人，大高个，德国人。我说，他啊，认识，认识，我们一起工作过。所长说，他希望调你过去，调令也来了。你可想好了。

我当时的第一反应是懵了，脑子一片空白！我脱口而出说，我不去！所长说，调令已经到了，让你马上去报到，接你的车很快就到了，快回宿舍收拾一下吧。

解放初期中村与米勒游颐和园

中村在颐和园

我赶紧跑回到宿舍。与我一起从日本来的佐佐木与我同事，又同住一个宿舍。她比较老练，劝我说，你知道军人的天职是什么吗？那就是必须服从命令听指挥！现在调令下来了，你能不服从吗？你可以不同意与米勒结婚，但是必须服从工作调动。到那里工作以后，你不想与他结婚，还可以想办法再调回来嘛。

我觉得佐佐木说得在理，就很快收拾好东西回到所长办公室。这时，接我的车子已经来了，万万没想到的是，前来接我的竟然是米勒！

原来，米勒一直在打听我，别人给他介绍对象，他都不要。他一直在等我，整整两年多。当他从一个偶然的机会中了解到我没有回日本，也没有结婚后，他高兴极了，在老战友又是同事李资平的帮助下，合法地将我调到了他身边。

见到米勒时，我依然没有下定决心，因为我只是与他有工作上的接触，并没有深入了解。婚姻毕竟是大事，马虎不得。米勒说，你可以再好好考虑考虑。

李资平见到我后，对我说，你看，米大夫多不容易，整整等了你两年多！你还要再让他等吗？你也该为米大夫想想！我说，再给我些时间吧！

从此，米勒每天一下班就来约我，我们到天津北门外散步，划船，到街上随便走走，或看电影等，总之，他希望我有与他单独相处的时间，能够尽可能多地了解他，早下决心。李资平也总是催促我，见面就问我到底考虑得如何？“米大夫不容易，整整等了你两年多！”这是他一见到我就会说的话。

通过三个月的接触，我感觉到，米勒真是一个可以托付终身的好人，是个靠得住的人。我愿意与他白头到老。

有情人终成眷属。我们决定结婚。于是向组织上打了申请报告，并很快得到了解放军卫生部长贺诚的批准。

1949 年建军节前夕，我们在天津结婚了。结婚仪式十分简朴，却十分热闹。闹新房的大多数是米勒的朋友，

米勒、中村与关心他们婚姻大事的李资平夫妇（左二、左三）

他们与他打趣，开玩笑，戏称我们是一对“法西斯”，一对“新德口派”，说我们俩是一个“西洋的德国佬”和一个“东洋的小日本”在中国土地上的结合。

作为定情物，米勒送给我一块瑞士手表，这是他在天津买的。

我们婚后的生活十分幸福。我不会德语，米勒不会日语，我们平常交流用的是汉语。

米勒做到了他对我的承诺，一辈子都对我好，对我爱护和体贴。他是我的主心骨，不仅对我生活上关心照顾，对我的工作也十分支持，他从来都没有让家务琐事分过我的心。

二、东北十年

婚后，我们于 1950 至 1960 年，从天津来到东北，先在长春，后到沈阳，整整在东北生活了十年。我们的两个孩子——女儿米蜜与儿子德华，也都出生在东北。

中村摄于 1951 年

抗美援朝

1948 年 10 月 19 日，东北民主联军卫生部在接手原长春大学医学院等医疗单位的基础上，着手组建长春医科大学，于 1949 年 8 月 16 日正式开课。1950 年 3 月更名为长春军医大学，它属于军委卫生部建制，由东北军区卫生部领导。因师资匮乏，故着力从多种渠道聘请教师和医师。

1950 年初，米勒接受了他的老战友、长春军医大学校长李亭植的邀请，带着我从天津调到东北长春，担任长春军医大学第四学院院长，后又兼任军医大学的科研处长。我先在医院手术室工作，后调到药剂科。

米勒到任不久，抗美援朝战争打响。随着战争的激烈进行，一批又一批志愿军伤病员送到了长春。根据军委指示，长春军医大学所属各医院要接收 800 名志愿军伤病员的收容、抢救、治疗任务，实际上它已成为志愿军重要的后方医院。我们家距医院有三四里路，米勒每天骑车上下班，早出晚归，日夜操劳，深入病房，检查医疗质量。长春的冬天异常寒冷，夜半遇有危重病人或会诊时，他毫不犹豫，马上起床就走。

米勒原本是内科大夫，在当时缺乏医生的情况下，他也治疗耳鼻喉、外科的病人，甚至是精神病患者。

敢担风险

记得1950年冬天，医院接收了几名患歇斯底里症的志愿军病人，给他们服用了镇静剂也不起效。每当发病，他们就狂躁不安，从医院三楼一直跑到南湖公园，需要四五名男护士才能拖回。他们在病房内连蹦带跳，打碎东西，推倒护士，严重影响了其他病人休息。

米勒经过检查，确定这几名病人患功能性精神病，在无其他有效治疗手段和药物的情况下，他提出用刺激疗法，即当病人犯病时，用凉水猛泼全身，使其冷静下来。

对此，护士们面露难色，胆怯地说，我们可不能、也不敢使用这个方法，您另外制订一个治疗方案吧。米勒问：为什么？护士们答，这种方法搞不好，人家会说我们迫害最可爱的人。

米勒明白了护士们的顾虑，告诉她们，不要害怕，自己反复考虑过了，在当前条件比较困难的情况下，可以采用这种比较原始的治疗办法。

可是，任凭米勒怎么说明，护士们谁也不敢担这个风险。

一天，两名精神病患者同时犯病，病房里乱成一团。米勒命令护士打来几桶凉水，果断地让护士闪开，他自己亲自干！他推开犯病病人的房门，举起水桶向病人泼去，病人顿时镇静下来。病房满地是水，病人瘫倒在地，浸泡在凉水里。护士们打算上去搀扶，米勒不让，他说，你们都不要进去，人多了不好，病人清醒后，会自己上床的。

这个办法果然见效，几周后，几名精神病患者的症状，基本都被控制住了。

刚正不阿

米勒是个耿直的人，他从不说违心话，同时敢于坚持自己认为正确的观点。

“三反”运动开始时，他对领导事先预定百分比的做法十分反感，就在会上公开表示自己的不满与意见。

有一次，在动员深入开展“三反”、“五反”运动的大会上，主持人宣布了对一位领导干部作出停职反省的决定。

米勒与这位领导干部合作共事多年，深知其人，他当场激动地大喊：“他是好同志！你们叫他停职反省，我不同意，我坚决反对！”台上台下的人都被他的举动惊呆了。当主持人制止他这种所谓“无组织无纪律”的行为时，他立即起身，愤然离席。

在“三反”运动紧张进行的阶段，我们的一位邻居（担任学校学生队的管理员）因为被检举贪污了学生大量口粮，而关进了阴冷的小黑屋。

米勒冲进政委办公室，质问政委。他说：“她是我的邻居，每天工作勤勤恳恳，家中生活十分简朴，是个好干部。你们指控她贪污的数额简直惊人，甚至远远超出了全校几年来供应的粮食总数。你们用脑子想一想，这可能吗？难道这几年学生没有吃饭吗？”

政委强调，这是根据群众揭发的材料，还没有定案。米勒气愤地说：“对这么明显的一看就不真实的内容，你们也不核实，就把这样一个患有风湿病的女同志关在又湿又冷的黑屋子里，这不是反贪污，是犯罪！”

他还大声对政委说：“你要对这种错误做法负责！”

当然，米勒耿直、坦率以及对领导说话不注意方式方法，特别是不善于阿谀奉承和溜须拍马的性格，也让他吃了不少亏。特别是他要求入党的请求一拖多年，好久没有得到批准。

裤兜里的入籍证明

我们在长春生活的整整三年，正是抗美援朝的三年，我们都全身心地投入了抢救与治疗志愿军伤病员的工作。

在救治志愿军伤病员的过程中，米勒听到不少志愿军控诉美军的侵略暴行，他还到鸭绿江边察看过美军轰炸中朝土地的惨景，目睹了他们进行的罪恶的细菌战，这使米勒更加憎恨法西斯，憎恨侵略者，憎恨黩武主义。

在抗美援朝斗争中，出于对中国人民的深厚情谊，他正式向有关部门提出了加入中国籍的要求。

他的真诚和决心，迅速得到组织上的批准。1951 年 1 月，米勒收到了有关部门批准他加入中国籍的证明。

这是一份打印在东北人民政府民政部门专用信笺上的证明，文号“民总字第九四号”，那可是米勒最心爱的宝贝。

拿到这个宝贝后，与大多数人不同的是，米勒不是把心爱的宝贝藏在家中的箱子里或锁在抽屉里，而是随身携带。

几十年来，他始终仔细地把它叠成整齐的小方块，认真地放在裤子后面的口袋中，整天带着它。

以下是证明全文：

东北军区政治部组织部：

一九五〇年十二月十四日来文悉。关于长春医大第四院长德籍米勒同志请求加入中华人民共和国籍问题，经转呈中央人民政府内务部批复：“可予照准自文到之日起，得享受并履行中华人民共和国人民的权利与义务，至入籍许可证书，俟新中国国籍法颁布后，再行申请补发”，即希查照转达。

东北人民政府民政部

一月十三日

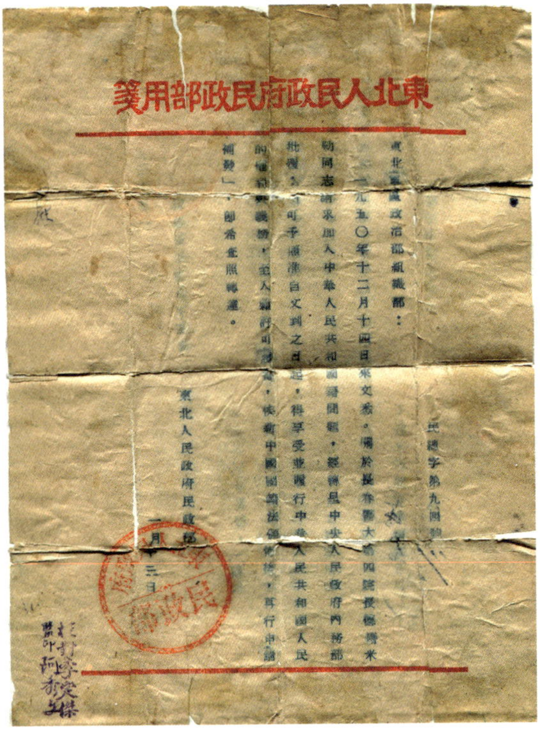

東北人民政府民政部用箋

東北[illegible]政治部組織部：

一九五〇年十二月十四日來文悉。關於[illegible]米勒同志請求加入中華人民共和國國籍問題，經轉呈中央人民政府內務部批復：「[illegible]可予照准自文到之日起，[illegible]享受並履行中華人民共和國人民的權利和義務，[illegible]俟新中國國籍法頒佈後，再行申請補發」，即希查照轉達。

東北人民政府民政部

一月十三日

民總字第九四號

1951 年 1 月 13 日东北人民政府民政部批准米勒加入中国籍的证明

满是折痕的入籍证反面

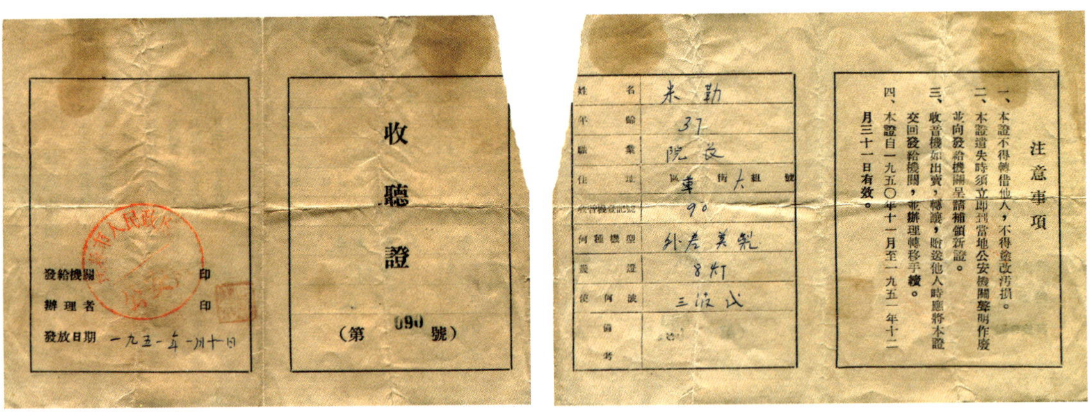

收聽證

（第 090 號）

發給機關　印

辦理者　印

發放日期　一九五一年一月十日

姓名	米勒
年齡	37
職業	院長
住址	區 車 街 大 組 號
收音機號記號	90
何種機型	外殼美製
燈證	8灯
使何波	三波式
備考	

注意事項

一、本證不得轉借他人，不得塗改汚損。

二、本證遺失時須立即到當地公安機關聲明作廢並向發給機關呈請補領新證。

三、收音機如出賣，轉讓，贈送他人時應將本證交回發給機關，並辦理轉移手續。

四、本證自一九五〇年十一月至一九五一年十二月三十一日有效。

1951 年长春市公安局颁发给米勒的收听证

由于长年随身携带，那张证明纸张早已泛黄、发脆、断裂了。米勒就将一张白纸仔细地粘贴在证明的背面，使其不致破碎，照样随身携带。

入党一波三折

抗美援朝胜利后，我们俩双双转业到地方，米勒到了沈阳中国医科大学担任内科教授及附属第二医院院长，我也随他到了沈阳，先在中国医科大学的校医院里工作，后到了医科大学附属第二医院的药剂科工作。

调到沈阳新单位的第一件事，米勒就向党委书记递交了入党申请报告，这是他第三次要求加入中国共产党了。

提起米勒的申请入党，真是一波三折。米勒 1939 年自愿离开家乡到中国参加革命，投身抗日斗争。他热爱中国人民，热爱中国共产党，不怕牺牲，忘我工作，可就是不明白为什么自己的入党申请总不被批准，自己老是不能成为共产党员。

米勒第一次申请入党是 1941 年，那时米勒在休养所当所长，但是他要求入党的申请，当时就被指导员婉言拒绝了。理由是：“这个问题，你不要着急，我们要请示上级。”但是上级是什么意见？始终没有下文。其实，在极左思想影响下，对于米勒的入党动机，党支部的同志表示怀疑。

中国人民解放军转业军人证明书

享于转字第003379号

米勒同志，系辽宁省（市、自治区）沈阳县（市）人，于一九三九年参加中国人民解放军，原在军委长春军医大学任内科教授职务，现为加强国家社会主义建设，特准予转业。

中华人民共和国国防部

一九五三年八月 日

米勒的转业证

1953 年米勒、中村（前排左四、左五）与欢送他们转业的同事合影留念

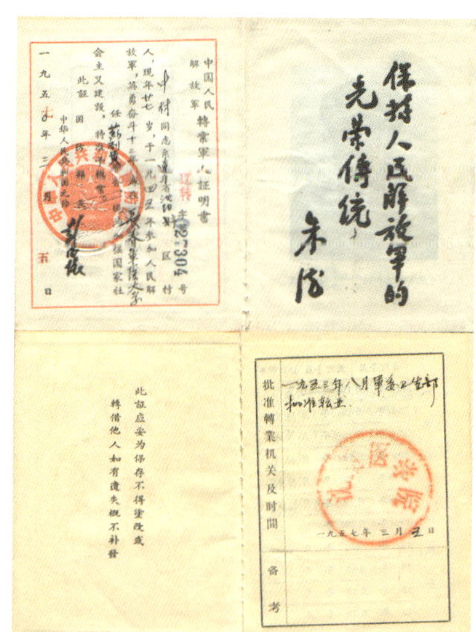

中村的转业证

1953 年长春军医大学同事欢送中村（前右一）转业

主管干部审查的同志认为，这个外国人放弃优厚待遇，不顾生命危险来到中国，肯定是有目的的，需要长时期的考验和认真仔细的调查。

在米勒一再追问下，指导员只好用“共产国际有规定，外国人不能参加别国的共产党”作为一个理由来搪塞。但是第二年，柯棣华却由聂荣臻、江一真介绍加入了中国共产党。

米勒第二次提出入党申请是在 1948 年。米勒找到党支部书记，表示：“我在中国已经工作了近十年，请组织审查我的历史和表现。如果认为可以，请吸收我加入中国共产党。”第二次申请得到了支部大会的一致表决认可。但是，米勒的申请与支部大会的决议，再次被上级否决。理由是：“米勒不是中国公民，不能参加中国共产党。”

现在，米勒已经是中国公民了，他第三次提出了入党申请，原来那套拒绝他入党的理由已经不存在了。他到底够不够共产党员的条件？够，就应该吸收。不够，就要说明理由，不能再用任何借口来回避了。

中国医科大学党委决心认真对待米勒的入党申请。他们首先查阅了米勒的档案，发现除了表扬、嘉奖、鉴定外，的确还有些疑问，比如，米勒的家庭历史情况、米勒的来华动机、米勒在德国的历史。

令人不解的是，米勒来华革命这么多年，经过了这么多单位，竟然没有一个单位给米勒的历史作出结论。

中国医科大学党委书记李振志和基层党支部书记王纯正，一起跟米勒进行了一次正式谈话，详细询问了米勒的家世、出身和经历，尤其是申请入党的动机和过程。米勒如实述说了自己寻找真理、寻找共产党所走过的曲折过程，包括两次申请入党、两次被拒绝的遭遇。

之后，李振志访问了米勒曾经工作过的单位，除了在长春第三军医大学不注意说话的方式方法，爱提意见以致引起了与政委的矛盾和一些人的不快外，其他地方的老上级都认为米勒在艰苦的环境下，抢救了无数抗日战士的生命，把自己的一切都奉献给了伤员。很多同志还进一步肯定了米勒关心伤病员，无私无畏、忠心耿耿的高贵品质。

在最困难的时候，米勒和中国人民同甘共苦，长期劳累致病，差点命丧太行；在国民党军队进攻面前，带领、指挥医院转移，而且亲自参加战斗，保卫人民财产……种种表现证明，米勒提出加入中国共产党的要求是有基础的。李振志根据广泛的调查，起草了一份综合报告，对从未下过结论的问题，作了明确的结论，并表示愿意做米勒的入党介绍人。

不久，经过支部大会的讨论，一致通过了米勒的入党申请，米勒的夙愿终于实现了，我也为他感到高兴！

日本来信

我参加革命军队后，心里惦记父母在日本战败后的生活，一直设法与远在日本的家人取得联系。所以，我当初拒绝米勒的求婚并不是托词，我时刻准备回到父母身边，只是不知道自己将在何时才能够返回故乡日本。

东北解放后，特别是我与米勒结婚后，我更思念我的父母家人，一刻也没有停止过寻找我家人的努力。我祝愿远在日本的家人们一切平安、顺利，生活幸福。我不希望他们为我担心，也希望他们早日了解我的情况，更希望他们为我祝福。

长春有一个在华日本人的民间组织，专门帮助战后留在中国的日本人与日本的亲人取得联系。在他们的帮助下，我写的信辗转寄往日本家中，但是我没有得到任何回应。

过了一段时间，我收到父亲的一封回信，内容简单冷漠，要求我速寄照片回家。

我心里很酸楚，15 岁离家，七年后终于取得了联系，却不明白家人为何对我这么薄情？我执着地又写了第二封

中村母亲寄来的日本亲人照片

信，详细告知了自己曾经的坎坷经历和现在的美满家庭，介绍丈夫米勒是个什么样的人，同时报告自己已经有了可爱的女儿。我还抱着米蜜到照相馆拍了一张照片，把照片连同信件一起再次寄往日本父母的家中。

此时，刚好有位日本朋友回国，我请她向我的父母致以问候，详细讲述我在中国的情况。这次有了回音，一个月后，我收到了母亲的回信和我父母及家人的照片。

原来，我的父母1946年从一个回乡朋友的母亲那里，听说我跟着一支“钻山沟的军队”走了，后来就杳无音讯。这是一支什么军队，走到哪里去，他们并不清楚。听说母亲当时就失声痛哭，一个劲埋怨那个朋友，为什么不死命把我拽回日本？于是，全家人一直认为我早已死了。收到我的第一封来信时，他们不相信我还活着，认为那信一定是别人冒名写的，所以要求寄照片回去。直到收到我的第二封信，看到我寄的照片后，才确信我真的还活着。

从此，我与我在日本的家人联系上了，我知道他们过得都不错。之后，我们经常互寄照片和信件，从未间断。父母屡屡表示万分思念我，让我一定回家乡看看。最让我感动的是，我收到了一张母亲将我女儿米蜜照片捧在怀里拍摄的照片。照片上，母亲面前的小桌上依照日本传统习俗摆着一条象征吉祥的鱼，照片背面的日期特别注明是1951年9月2日（我女儿米蜜的生日是1950年9月2日）。母亲来信说，这是一张姥姥为外孙女祝贺生日的照片。在米蜜周岁生日那天，她特意去拍了这张照片，以此为我的女儿、她的外孙女祈福。

这张照片，充分反映了老母亲的慈爱，也勾起了我对父母、家乡无限的思念。

1960年，我父亲因攀高修剪树枝过度劳累，以致高血压引发脑溢血，昏迷三天三夜后去世。母亲特意将我的照片压在父亲的枕头底下，表示女儿中村已经回家，正侍奉在父亲的身旁。

每当我想念我的日本亲人时，我就会翻看他们的照片，

中村在翻看日本亲人相册

中村母亲捧着外孙女米蜜照片留影

我相信他们也一定这样，想我时，就看我寄去的照片。这些照片可是我的宝贝，我经常翻看，它使我感到日本的亲人离我很近，好像就陪伴在我身边一样。

忘我工作

1950 年代米勒全家与保姆及司机的合影

我们一家在沈阳生活了八年。米勒在工作上总是拼命而忘我。

每天一大早，天还不亮，他就起床了。他有早晨起床晨读的习惯。每次他捧起书本就专心地阅读，一直要读到我为他准备好了早餐，才肯放下书本。

早晨 8 点整，他一定准时出现在内科病房，带领内科医生和护士查房。他习惯于先向病人问好，然后听取大夫的汇报。他总是在听完后提出一些问题，请随行的大夫对治疗提出意见，最后他才作出肯定的结论。

他的记忆力超强，能十分清楚地记住他所辖病人的病况、诊断与治疗经过。对新住院的病人，他会仔细询问症状、诊断以及治疗方案，对阳性体征总要亲自检查一遍，才对大夫的结论表示意见。他的查房工作总是整整两个小时。之后，他带领医生对疑难杂症进行讨论。一直到 12 点，才脱下白大褂，匆匆赶回家。

我们家住在医院分配的一套两层的单元房，一楼是厨房、储藏室等，卧室在二楼。在我们住的二楼卧室旁边，有一间独立进出的房间，不受干扰，很安静，是给米勒用的书房。每天米勒一回家，总是先进书房，认真准备下午讲课的提纲。他对自己讲课的内容很重视，总是力争达到最好的教学效果。

每天下午，米勒都要给四年级医疗系的学生上课。米勒很会讲话，他善于把复杂的病理梳理得很清晰、易懂，不乏味。比如讲解高血压病，常规讲课一般都是先讲病因、发病机理、病理、临床表现，再讲诊断、分期治疗和预防。米勒却先对高血压作简单概述，然后分析高血压的症状，详细讲解肾性高血压、内分泌高血压等的特征及其高血压的鉴别诊断。他讲的三节课，条理清晰，学生们听得很明白。下课铃响起时，同学们会围着他继续问长问短。

米勒的一天总被工作排得满满的。有时，当忙碌了一

米勒在沈阳医科大学给学生上课

天准备下班时，或者回家之后，满身疲惫的他还会接到抢救病人的任务。

有一次，米勒刚要吃晚饭，医院值班人员来报告，说附近一家医院来求援，他们收下一个因误食一枚铜币已经窒息的小孩子，他们没有能力抢救，特来求援。

不等来人说完，米勒已经披上衣服赶往医院。只用了十分钟，他就已经带着抢救小组赶到了病人所在医院。为抢时间，他不顾一切地用嘴去吸出患儿口中的污物，进行人工呼吸。经过紧张的抢救，铜币被取了出来，孩子全身因缺氧而发紫的皮肤恢复了正常颜色，孩子得救了。等在手术室外的家长连声道谢。当得知指挥抢救的院长是个外国人时，他们竟不知该如何表达感激之情。

一次周末，我和米勒在河边散步时，看见一堆人围着，看样子似乎有人发生了危险。我们挤上前去，发现是一个游泳溺水的人已经没有呼吸了。米勒立即对他进行口对口人工呼吸，救活了那人。当周围人群欢呼高兴的时候，他拉着我悄悄地离开了。

对工作的高度责任心和对病人的深切关怀，使米勒从不考虑自己的休息和健康情况。

抗日战争时，米勒因为操劳和疾病，体能严重下降。有一次，为了抢救一位伤员，他带病上了手术台，手术进行到一半，他食道痉挛突发，疼得冷汗直流，全身发抖，休克倒下。醒来后，他的第一句话就是，你们怎么不去抢救伤员？在这里干吗？

解放战争时期，一次他连续工作了七八个小时，已经精疲力尽，而前线又送来一名重伤员，腹部被炮弹击中，流血不止，血压下降。米勒立即又上手术台。当伤员断裂的血管刚结扎，破损的肠壁正在缝合时，米勒的身体不断摇晃，手中的器械抖个不停，他叫道“快给我打一针吗啡！”那次我也在场，知道他老毛病犯了，便立即用注射器吸了药水，他举起已经消过毒的双手，说，就这样打，不要脱裤子了，来不及了！看着他头上冒出的豆大汗珠，疼得直不起的腰，我迅速果断地隔着他身上的单军裤，将针扎进他的臀部。半分钟后，他继续工作，坚持完成了手术。

在沈阳，虽然没有发生过如此严重的休克，但他的食道痉挛还是时常发作。在沈阳中国医科大学，高鹏远大夫为米勒作了食道痉挛紧急处理后，不解地问他：“你不是有特供吗，怎么还会得这种病？”他回答说：“对，我是有特供，但是我吃不下去。”我知道，米勒一直是把上级专门照顾给他的稀有的肉、蛋、细粮和糖等食物给了重伤员，他总是与大家一起吃杂粮。战争年代的艰苦环境，给他留下了严重的后遗症，他对南瓜等早已经吃怕了。直到生活大大改善之后，凡是瓜类，他基本上不吃，除了黄瓜以外，就连西瓜，他都不碰。

锅炉院长

东北的冬天十分寒冷，而且漫长。我们的医院，包括家属宿舍的所在地，原来是个旧教堂，都是一栋一栋独立的老房子。每栋房子都靠烧锅炉取暖，全医院共有 20 多台锅炉，全是日本时代的老锅炉，没有一台是好的，不是漏水，就是跑气。锅炉一出毛病，整个医院和家属宿舍就处于严寒威胁之中，心灵手巧的米勒就兼职成了锅炉修理工。

我记得，往往在大家吃晚饭的时候，锅炉就坏。常常是，米勒刚坐下准备吃饭，就有人来通报说锅炉坏了，他就立刻起身，赶过去修锅炉。我心里常常感到奇怪，怎么锅炉早不坏，晚不坏，米勒一到家就坏？

记得有一次，他刚进门，大衣还没来得及脱，就有人来报告说锅炉坏了。他马上就跑去钻烟道、修锅炉，几个小时后，锅炉修好了，可是他满头满脸都是烟灰和油腻，笔挺的呢大衣也成了黑油麻花。锅炉房的工人们都喜欢来找他请教、研究。他也喜欢同他们一起捣鼓。他和锅炉工们经常一起研究、商量，一台一台地检查、维修，直至保证全院暖气都正常供应。

每次修完锅炉，米勒都累得要命，而且又黑又脏，但是他说能给全院职工和家属及病人带来温暖，这么做是值得的。

1953 年，医院从民主德国进口了一台心电图机，由于使用时导联错误而发生故障。在 1950 年代，这是很少有人敢碰的技术活。操作的大夫很懊丧，科室领导除了埋怨之外，也别无它法。这时，把民主德国的人请来修理，根本不现实。可在沈阳，一时也找不到能检修的人。

怎么办呢？米勒自告奋勇承担了检修的任务。他仔细打开机器，一面拆，一面对照德文说明书进行检查，同时告诉操作的大夫各个零件的名称和作用。半天时间过去后，这台机器又正常运转了。

心肌衰竭

米勒工作上要求严格，一丝不苟，关心病人，细致入微，可是对自己的身体却全然不顾，特别是工作起来不要命，加上长期劳累过度和营养不良，他终于病倒了。

1960年的一天，他到医院抢救病人后，刚走出手术室就突然倒下，诊断是：患心肌衰竭症。后来又多次发病，几次都是抢救完病人后，他自己却晕倒了。

医院想尽办法，积极救治，但就是不见好转。挚友马海德闻讯急忙从北京赶来探望。米勒自己也认为这次怕是不行了，就向马海德交代后事，让他好好照顾我们母子三人，还把自己心爱的一支钢笔交给马海德，让他留作纪念。

马海德劝他不要胡思乱想，鼓励他以战争时期的勇敢态度与疾病斗争，一定会战胜病魔。

是的，战争中，米勒一直这样忘我工作，不顾自己的身体。1942年就是因为劳累过度病倒在太行山前线。那时，刘伯承、邓小平等都亲自探望他，关心他，生怕他的身体出现意外。后来，毛主席下令，党中央专门拍了电报，他才被召回延安国际和平医院工作。

这次米勒病倒，又惊动了北京，卫生部钱信忠部长派来米勒的老朋友马海德专程赶来探望并了解情况。马海德一面鼓励和安慰米勒，一面把米勒的情况报告给卫生部副部长苏井观。卫生部立即决定，将米勒送往北京救治。随即，在沈阳各级组织的关怀下，中国医科大学派出医护人员，由马海德亲自陪同，将米勒安全地护送到北京，住进了以治疗心血管病擅长的阜外医院。

北京阜外医院的范毅吾院长是米勒的老战友，他全力以赴地组织院内最好的心脏病专家，对米勒进行了治疗。经过十天左右的时间，米勒竟又一次战胜死神，转危为安。

心系两头

米勒在北京抢救的时候，我跟随他一起到了北京进行照顾。可是，我的工作和家还在东北，家里有两个孩子，大的不到十岁，小的只有六岁，这让我两头牵挂。

当米勒病情安稳后，我就赶回了沈阳。好在那时组织上十分照顾，家里有保姆帮助我照看我的两个孩子，在生活方面以及孩子的教育方面都不需要我特别操心。每隔一段时间，组织上就给我一些假期，让我到北京去看望一下米勒，然后再匆匆赶回沈阳。可是，大多数时间还是米勒一人在北京休养，这令我很不放心。虽说在北京有组织上的关心，安排得也很周到。另外，在北京的马海德一家对米勒也如同家人一样。但是作为米勒的妻子，我还是十分惦记与牵挂。米勒这一病，恢复得相当慢。大约经过了两年的时间，才慢慢地缓过来。

我希望组织上干脆调我到北京工作，可以边工作边照顾米勒。可是组织上迟迟不肯放我走，主要是他们舍不得放米勒离开，怕我到了北京工作之后，米勒就不可能再回到东北工作了。所以，虽然我一次次催促单位批准我的申请，把我调往北京工作，可是单位就是一拖再拖地不松口。

米勒在北京休养期间，住在友谊宾馆，感觉很寂寞。他提出，让我把儿子德华带到北京交给他，与他一起生活，这样可一方面缓解他对家人的思念情绪，同时，儿子也可成为他的小助手，至少在他突然犯病或感到不舒服的时候，帮他叫个人、递个东西等等。我想，他讲的也有道理。正好，那时儿子德华尚未到上学读书的年纪，于是我就把儿子德华留在了北京他的身边。据朋友们说，米勒对德华照顾得可好了，每天给德华洗衣服，连德华白色的小背心和西装短裤都洗得雪白。

米勒的身体状况也让卫生部的领导很担忧，他们认为米勒已不适合留在东北继续工作了，于是，决定将米勒调到北京来。

三、定居北京

米勒是个闲不住的人，当他身体稍一恢复，他就要求回到岗位上继续工作。

鉴于他的身体状况，领导决定将他从东北调到北京工作，我们全家也一同来到了北京。

对于米勒的具体工作安排，卫生部的领导请他自己选择，是到医学院或是到医院工作，听凭他的意见。米勒认为自己长期从事临床工作，于是他选择了到北京积水潭医院工作，我也随之调到积水潭医院。

新的岗位

米勒身体尚属于恢复阶段，所以上级没有给他压太重的担子，安排他在积水潭医院当教授，在内科负责带教和业务指导，同时让他在中央人民广播电台德文部帮助审稿。我则被安排在该医院的药剂科工作，与米勒同一个单位。

我们在北京定居下来。先是住在友谊宾馆，当时在北京的外国专家基本都住在那里。那里有不少老朋友，比如艾培（爱泼斯坦的昵称）。米勒到达中国时，接待他的第一个人就是艾培。

1964 年我们从友谊宾馆搬到了地安门的一座小四合院，一直住到今天。我们的家距离老朋友马海德的家很近。当然了，这也使我们两家的关系更加亲密。

对我来说，北京的生活是全新的生活。与东北相比，北京的生活条件好多了。对药剂科的工作，我也已经很适应了。在积水潭医院，我虽然还在药剂科工作，但这时候，我基本上不需要在发药窗口，而主要是在制剂室，负责医院自制药剂的配方分析与比例。

早在长春时，我生了女儿米蜜后，因为哺乳、带孩子等原因，已不适合再在手术室工作了。大约在 1952 年左右，我被调到了药房工作，开始重新学习与之相关的知识。由

北京油漆作小四合院

米勒家从 1964 年一直住到现在的北京油漆作小四合院

于我早年在护校学习时，有比较扎实的拉丁文基础，药名都是拉丁文，且那时的药物品种不多，所以我在新的岗位上适应并不困难。1953 年我转业到了沈阳医科大学附属第二医院，从那时开始到1960年，我在药剂科工作了七年。

沈阳医科大学附属第二医院是个综合性医院，工作量很大。我在药剂科工作，特别在发药的窗口，每天要面对中国病人发药、说话，对我这个日本人来说，就是一项巨大的挑战。虽然我能够说中文，但是要认识中国的人名，并且准确地叫出来，告诉患者每天如何服药，我还必须加倍努力学习中文。

为了工作方便，我还给自己起了个中文名字——钟纯（中村的谐音）。后来，别人告诉我，准确的音译名，应该起名钟椿才对。纯，发第二声，且翘舌音。椿，才发第一声。说明我的中文还不行。

米勒对我的工作很支持，他总是鼓励我，同时尽量减少我在家务中的付出与操心，让我集中精力尽快熟悉岗位业务。

由于我很要强，性子又急，刚开始学习新的业务，难免遇到种种困难。回到家，遇到孩子不听话时，就很不耐烦，这时米勒就会批评我，说我不该对孩子着急，要和颜悦色。

严母慈父

我对子女教育很缺乏耐心，我不懂，也没空慢慢地对子女采用说服教育和讲道理的方法。

我比较严厉，说话不讲艺术，不注意态度和语气，特别是对大女儿米蜜。我按照日本的习俗，对家中第一个孩子寄予重望，处处严格要求，希望她给弟弟做个好榜样，样样都应该、也必须优秀。如果她的成绩没有达到优秀，我就会对她罚站。此时米勒就会批评我，让我注意态度，注意以理服人。

的确，我们两个在对待孩子的教育上，他和蔼，我严厉。但是，总体上说，我似乎尽力不多。在我的印象里，好像没有去开过家长会，特别是儿子德华的家长会。

有一次，我在饭桌上说，我很奇怪，怎么德华学校从来不开家长会的？女儿米蜜告诉我，都是她替我去参加的，有事就带回来告诉父亲。

我很幸福，不像别人眼里的日本家庭主妇那样，我在家里承担的工作不复杂。我们夫妻之间相亲相爱，对待家庭事务平等、民主，家务也不繁重。两个孩子在成长阶段中，我操心不多。米蜜学钢琴、学英文等，都是米勒在关心。他经常主动与孩子们谈心，聊天，关心他们在学校都干了什么，一天中碰到什么有趣的事，同他们一起做游戏，带他们去听歌剧，看演出。

他全力支持我的工作，尽量不让繁琐的家务分我的心。特别理解我在学习和适应新的工作岗位时，需要付出加倍的艰辛与努力。

回想起那个时候，我只记得单位很忙，加班、值班很多，家里倒没怎么让我操心。当然了，米蜜这个女儿也为我分担了不少事。

米勒的食道痉挛时常发作，所以我在家都早早作了充分的预案，万一我不在家时他犯病，就由女儿米蜜代替我作应急处理。我提前把注射用的针筒消毒好，把注射剂准

1966 年米勒一家摄于自家院子

1965 年全家福

1970 年代全家福

1967 年米蜜与米勒在自家院子里排演芭蕾舞《白毛女》，米勒扮杨白劳，米蜜演喜儿

1988 年海边度假时米蜜的杰作（把米勒打扮成妇人）

备好，放在一个固定的抽屉里，同时教会米蜜如何使用。因为只需皮下注射，所以操作难度不大。米蜜一教就会。有一次，正赶上我值班，早上 8 点多钟，米勒正在盥洗室刷牙洗脸时，老毛病犯了，食道痉挛，疼得要休克，他叫了一声米蜜后就倒下了。米蜜跑到他跟前，按照我教的方法一步一步操作，十多分钟后，米勒的病症就得到了缓解。米蜜安排他躺到床上休息，之后，才打电话告诉我，让我放心。她说："爸爸现在好多了，我已经把他扶到床上，现在他睡着了。"由于这是第一次由米蜜独自应急，我还不太放心。中午时，我趁午休急忙赶回家，发现米蜜把米勒照顾得很好，这下，我真的放心了，又匆忙赶回医院继续值班。

天安门观礼

到了北京，我们参加各种活动的机会多了，比如重大节日的观礼，我与米勒每次都受邀参加。

有一年，朋友送了米蜜一条漂亮的裙子，她穿起来真是漂亮极了。正好到了国庆节，我们收到了邀请我们夫妇到天安门观礼的请柬。米蜜央求说，她很想去天安门观礼。她说，每次都是我和米勒去，一次也没带她去过，这次她一定要去。

我们拗不过她，我想，米蜜有一条漂亮的裙子，穿着去天安门观礼也很喜庆，与国庆节的气氛很协调，于是我把机会让给了她，米勒就带着米蜜去观礼了。那天回来，米勒很内疚地对我说，今天我犯错误了。我很奇怪，问他，你今天去观礼，犯了什么错误？

他说，我今天不该带米蜜去观礼，虽然没有人说我，但是我看见所有去观礼的都是夫妇，没有人带小孩子去。我再仔细看了请柬，上面写得也很明白，邀请我们夫妇出席，下次可不能再犯这个错误了。

米勒与中村国庆节在天安门观礼

1960 年代米勒夫妇在天安门

米勒这个人，就是德国人脾气，一板一眼，很守规矩。这虽是件小事，可他看得很重。观礼回来后，我们，包括米蜜都感到自己犯了个错误，心里很不好受。这件事给米蜜也留下很深的记忆。

几十年后，1999 年 10 月 1 日，是中华人民共和国成立 50 周年的大庆，米蜜早早地就对我表示，她一定要上天安门观礼，可是我只收到一份邀请，是写着我名字的请柬，这次，我可不敢再擅自转让了。可是米蜜执意要去，而且她是专程从瑞士赶回来的。这时，还是她亲爱的苏菲阿姨（马海德夫人）帮了她，将自己的那张请柬让给了她，米蜜便同我一起登上了天安门观礼台，见证了新中国 50 周年大庆那激动人心的宏伟壮观的大场面。

到宋庆龄家做客

我们到了北京后，先是住在友谊宾馆。1964 年搬到了地安门一个小四合院住下后，距离老朋友马海德家很近，距宋庆龄的寓所也不远。

一天，我们收到了宋庆龄发出的邀请，请我们夫妇到她家做客。那是我们第一次到她家去，开始心里有些紧张。那次聚会的具体经过我早已不记得了，依稀记得是宋庆龄在家宴请外宾，也邀请我们一起作陪。马海德夫妇也在座。

令我印象深刻的是，宋庆龄端庄的面容与和蔼可亲的态度。虽说，之前我早已听说过孙夫人宋庆龄，也见过她的照片，可是见面后，我还是被她的高贵气质和美貌惊呆了。我记得她穿了一件中式服装，胸襟上别了一条洁白的手绢。她与我握手表示欢迎时，亲切地问了我一句："你是日本人?"我说："是。"她告诉我，她曾经在日本生活过，对日本的很多情况都不陌生。

在宋庆龄北京寓所参加聚会。左起泰勒、宋庆龄、艾黎、中村京子

米勒（前左一）、中村（后右二）在宋庆龄北京寓所参加聚会

那次聚会我们感觉很愉快，丝毫不感到拘束。宋庆龄还问了我们目前的家庭情况和孩子的情况，叮嘱我们今后带着孩子一起去。

这以后，我们便成了宋庆龄家的常客。每当她家里周末放电影，她一定会邀请我们全家去看。她在家接待外国专家或者邀请来自国外的老朋友时，也一定会邀请我们陪同。

宋庆龄的忘年交

宋庆龄见了我们的女儿米蜜之后，很喜欢她，嘱咐米蜜有空就去玩。她希望米蜜成为永清、永洁的好朋友。所以米蜜与德华两个孩子到宋庆龄寓所做客和玩的机会比我们多得多。

“文革”后期，几乎每到周末，宋庆龄都会派张友送条子来，邀请米蜜与德华到她家吃晚饭，然后看电影。

“文革”期间，社会上几乎没有什么文艺节目和电影可看，只有八个样板戏，人们的业余生活很乏味。听说可以在宋庆龄寓所看电影，而且想看什么，可以事先开条子过去，米勒很高兴，两个孩子当然也很高兴。

几乎每到周六，米蜜与德华一从学校回到家，我们就让两个孩子赶紧洗澡换衣服，告诉他们，宋庆龄写条子来了，让他俩先去吃晚饭，然后看电影。我们一般不去吃晚饭，到快放映电影时才去。

听米蜜说，每次同她和德华一起去的，还有柯弗兰的两个女儿凯蒂和玲玲，马海德的儿子幼马有时去，还有永清、永洁和永清的男朋友。

宋庆龄不是每次都与这些她邀请去的孩子们一起吃饭的。如果一起吃饭，米蜜不怎么主动说话，都是宋庆龄问，米蜜答，聊的都是些平常话。宋庆龄有时累了，就不下楼来吃，她邀请的几个孩子们就自己吃。

宋庆龄特别喜欢孩子，她喜欢看见孩子们在院子里玩的热闹气氛。米蜜她们曾经在宋庆龄寓所的院子里照了不少相片。

米蜜说，在她的印象当中，宋庆龄喜欢女孩，不怎么喜欢男孩。她每次去，宋庆龄总与她们女孩聊，不怎么与男孩聊。每次宋庆龄下楼，米蜜都迎上去搀扶她。米蜜与永清两个一起，一人搀扶一边。

米蜜说，她觉得宋庆龄很喜欢她，虽然她从来没有问过原因，但直觉告诉她，宋庆龄喜欢让米蜜到她的寓所去

米蜜在宋庆龄北京寓所玩耍（左上图）；米蜜与永清、永洁、凯蒂、玲玲在宋庆龄北京寓所院子里合影

玩。她经常写条子来，让米蜜去她寓所，夏天游泳，冬天溜冰。在宋庆龄的身边，米蜜说自己丝毫没有紧张的感觉，吃饭、聊天的时候，都很轻松。

在我们的严格要求下，米蜜各方面表现很优秀，是个人见人爱的好女孩。当年美国罗森大夫夫妇到我家来，非要收米蜜做他们的女儿不可。我听说，宋庆龄喜欢米蜜，也是因为她认为米蜜各方面都不错，希望永清、永洁姐妹俩与米蜜交朋友，让她们接受米蜜好的影响。

米蜜会花样溜冰，十五六岁时就会。她游泳也好，在清华大学，她是学校游泳队的。所以她给宋庆龄留下很深的印象。米蜜说，宋庆龄曾特意问过她。有一次宋庆龄问米蜜："你溜冰不错，是怎么学的？"米蜜回答说，是向一个朋友学的。当时米蜜心里很纳闷，心想，在玩的时候宋庆龄好像没在旁边呀，她怎么知道呢？后来一想，宋庆龄一定是在楼上窗户里看见的。米蜜猜想她每次一定在楼上看着她们玩。孩子们很开心，她也很开心。

罗森夫妇（左一、左三）在米勒家做客。穿和服者为米蜜

米蜜的结婚贺礼

宋庆龄知道米蜜结婚的消息后，马上赠送了一份礼物，具体是日本丝巾还是手巾，我记不清了。还有一瓶香水。那一年宋庆龄不在北京，在上海。听说米蜜结婚的消息后，专门托人送到我们家里，让我们一定转交给米蜜。宋庆龄还专门给米蜜写了一封信：

我亲爱的米蜜：

你使我感到多大的惊奇！我听说你要去日本访问。而你现在告诉我你已经结了婚，将和你的瑞士丈夫一起去瑞士！这是个很漂亮的国家，我希望你们两人在那儿过得很愉快。

我们会很想念你，但希望你明年会回来探亲。

通过邮局给你寄去一件礼物，表示我的爱和最良好的祝愿。

慈爱的

宋庆龄

1976 年 4 月 12 日

照片中，是宋庆龄送给米蜜的结婚礼物，可惜香水已经用完了。在结婚礼物的信封上，米蜜的姓变成 Mimi Werder（Werder 是米蜜前夫的姓）。

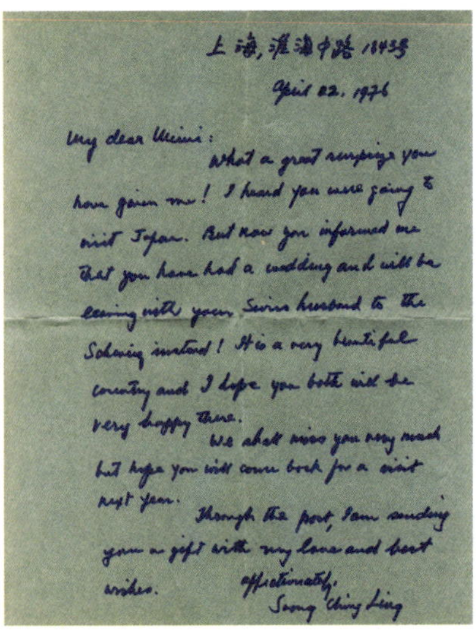

上海，淮海中路1843号
April 12, 1976

My dear Mimi:

What a great surprise you have given me! I heard you were going to visit Japan. But now you informed me that you have had a wedding and will be leaving with your Swiss husband to the Schweiz instead! It is a very beautiful country and I hope you both will be very happy there.

We shall miss you very much but hope you will come back for a visit next year.

Through the post, I am sending you a gift with my love and best wishes.

Affectionately,
Soong Ching Ling

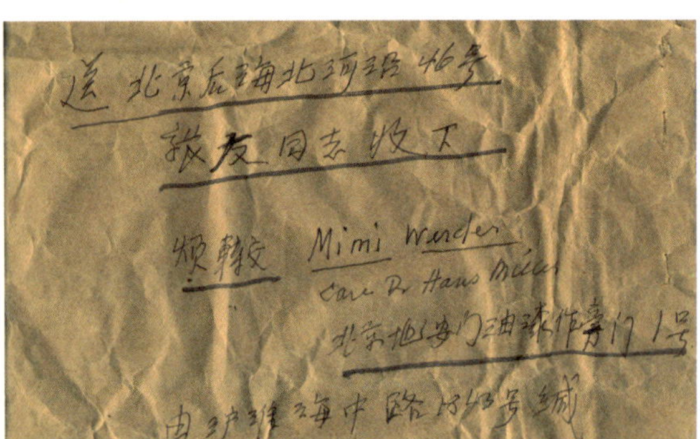

宋庆龄给米蜜的信、信封和装结婚贺礼的外包装

宋庆龄的信

婚后，米蜜随丈夫到了国外定居，她是1976年5月离开中国的。米蜜以为她与宋庆龄之间的联系就此断了，没想到她竟在瑞士意外地收到了宋庆龄的来信。

我最亲爱的米蜜：

你想象不到我们大家多么想你！我们希望你在你的新家里过得快乐并希望你很快回来探亲。

你想到我，使我很感动。我把美丽的香水瓶放在我的梳妆台上，这样我可以经常看到它。

在遭遇一年内失去三个最好的朋友的极度悲痛经历后，我的健康情况恶化。因此我来到上海，这里似乎常常使我好受一些。这里的空气和水对我的皮肤特别友好。在北方，我经常患皮肤瘙痒！

热烈地祝贺你和你的丈夫。

慈爱的

宋庆龄

1977年2月27日

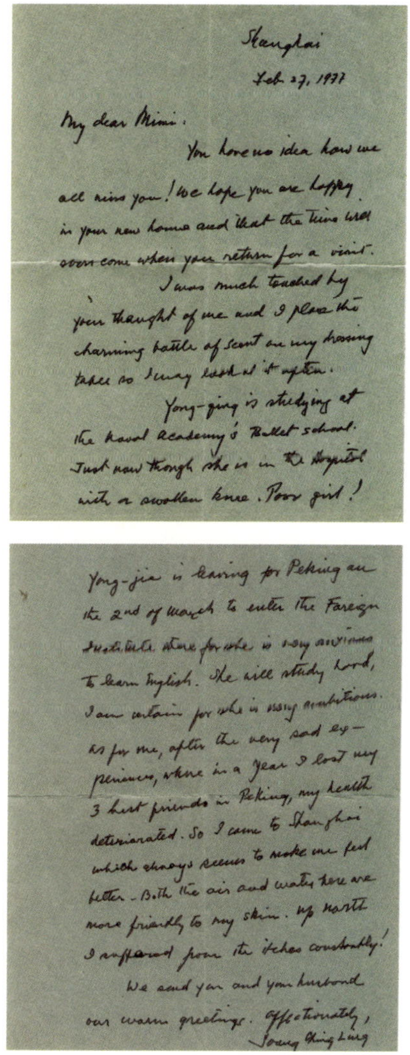

Shanghai

Feb 27, 1977

My dear Mimi:

You have no idea how we all miss you! We hope you are happy in your new home and that the time will soon come when you return for a visit.

I was much touched by your thought of me and I place the charming bottle of scent on my dressing table so I may look at it often.

Yong-jing is studying at the Naval Academy's Ballet school. Just now though she is in the Hospital with a swollen knee. Poor girl!

Yong-jie is leaving for Peking on the 2nd of March to enter the Foreign Institute there for she is very anxious to learn English. She will study hard, I am certain for she is very ambitious.

As for me, after the very sad experiences, where in a year I lost my 3 best friends in Peking, my health deteriorated. So I came to Shanghai which always seems to make me feel better. Both the air and water here are more friendly to my skin. Up North I suffered from the itches constantly!

We send you and your husband our warm greetings. Affectionately,

Soong Ching Ling

宋庆龄致米蜜的信（1977年2月27日）

1977年2月27日，宋庆龄从上海寄给米蜜的信，是米蜜到瑞士后收到的第一封宋庆龄的来信。开始米蜜不敢相信，因为信封上的署名不是宋庆龄。为此，米蜜还问了她的丈夫，来信者是否他的家人和朋友。

后来，米蜜从笔迹和内容上猜，确认是宋庆龄写的，这让米蜜很感动。这封信目前已经刊登于《宋庆龄书信集》（下）第755页，这封信与1977年3月1日宋庆龄写给我们的信是同时从上海寄出的。宋庆龄是从我们这里得到了米蜜在瑞士的地址，然后寄给了米蜜。下面是宋庆龄同一天写给我们的信。

宋庆龄与隋永清的照片及背面题字

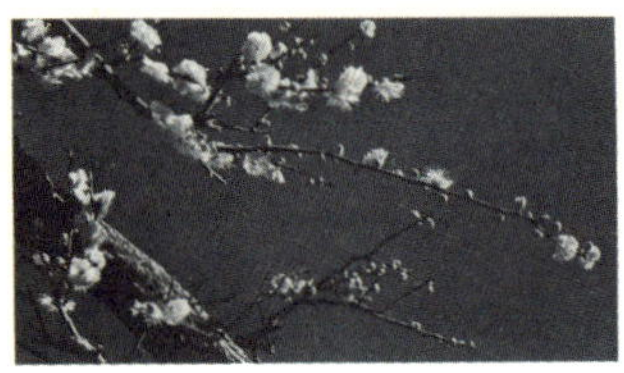

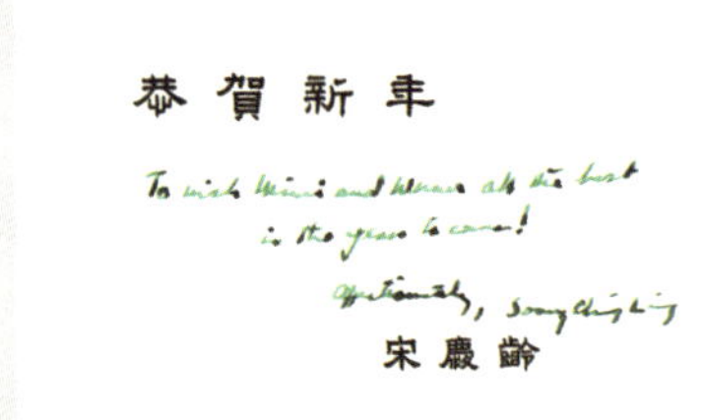

宋庆龄的贺卡

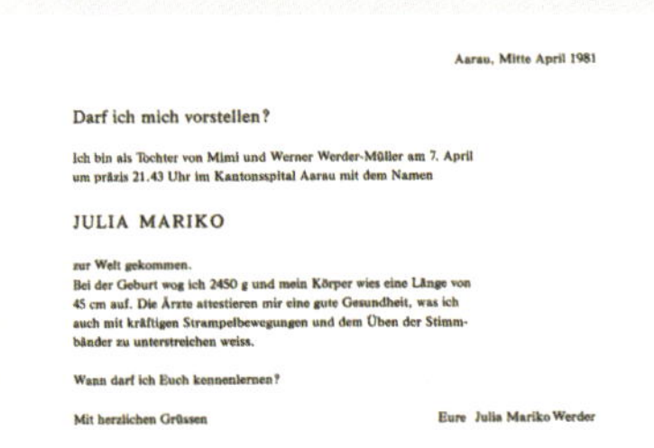

Aarau, Mitte April 1981

Darf ich mich vorstellen?

Ich bin als Tochter von Mimi und Werner Werder-Müller am 7. April um präzis 21.43 Uhr im Kantonsspital Aarau mit dem Namen

JULIA MARIKO

zur Welt gekommen.
Bei der Geburt wog ich 2450 g und mein Körper wies eine Länge von 45 cm auf. Die Ärzte attestieren mir eine gute Gesundheit, was ich auch mit kräftigen Strampelbewegungen und dem Üben der Stimmbänder zu unterstreichen weiss.

Wann darf ich Euch kennenlernen?

Mit herzlichen Grüssen

Eure Julia Mariko Werder

米蜜寄给宋庆龄的自己女儿出生的通知卡

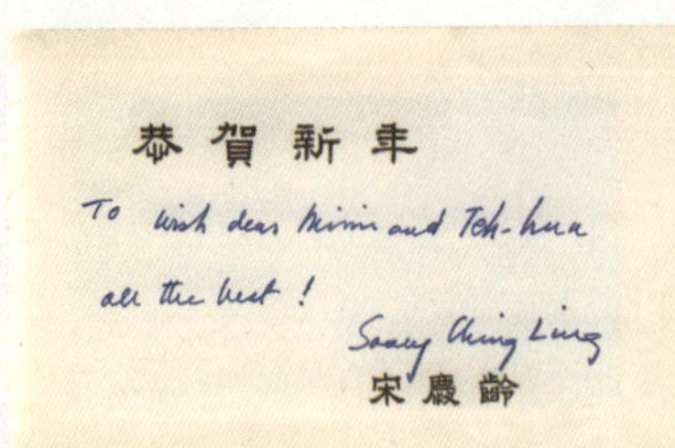

宋庆龄寄给米蜜与德华的贺卡

亲爱的米勒大夫：

请你帮忙把一张照片交给米蜜好吗？因为我不知道她的地址。我还有些不能邮寄的东西要等她回来再给她。

我非常遗憾在北京时没能见到你和米勒夫人以及其他朋友们。那种场合太令人悲痛了，我只能把自己完全隔离起来。我们都知道人不能永生，但是在一年中失去我的三个好朋友真使我受不了！

祝你和家人身体健康，并致热烈的问候。

你的诚挚的

宋庆龄

1977 年 3 月 1 日

从此，宋庆龄又与我们的女儿米蜜开始了通信。

1980 年宋庆龄写给米蜜的一封信上也没有署名，但是寄了一张她与永清坐在沙发上的照片（见 118 页上图），照片背后还写了字。这封信写得很长，是一封很私人化的信。这也是她写给米蜜的最后一封信。

米蜜寄给宋庆龄的最后一封信写于 1981 年 4 月中旬，她在信中附上了自己女儿的出生通知卡。

米蜜说，现在想想真是很后悔，她埋怨自己实在是个很粗心的人，根本不注意保存东西，比如对宋庆龄的来信，当时只是把来信保存了，而信封都没有留。目前仅是无意之中保留了一个信封，那是 1980 年 12 月宋庆龄寄出的贺年卡——蓝底白碎花的图案，这种贺卡，是宋庆龄很喜欢的一种，她曾给很多友人都寄过。米蜜还保存着一张在北京时宋庆龄写给她和弟弟德华的贺卡。

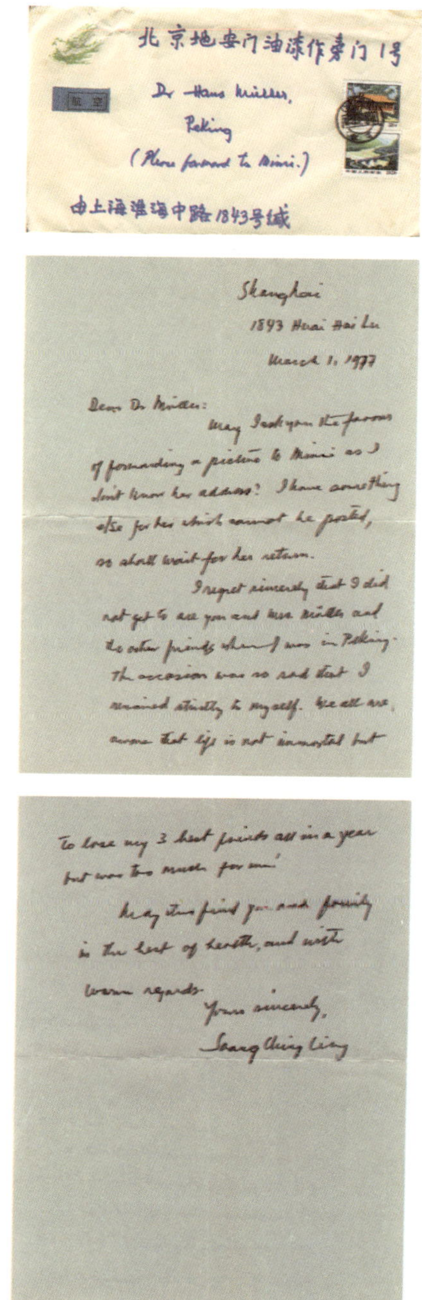

北京地安门油漆作旁门1号

航空

Dr Hans Müller,

Peking

(Please forward to Mimi.)

由上海淮海中路1843号缄

Shanghai

1843 Huai Hai Lu

March 1, 1977

Dear Dr Müller:

May I ask you the favour of forwarding a picture to Mimi as I don't know her address? I have something else for her which cannot be posted, so shall wait for her return.

I regret sincerely that I did not get to see you and Mrs Müller and the other friends when I was in Peking. The occasion was so sad that I remained strictly to myself. We all are aware that life is not immortal but to lose my 3 best friends all in a year just was too much for me!

May this find you and family in the best of health, and with warm regards.

Yours sincerely,

Soong Ching Ling

宋庆龄致米勒的信（1977 年 3 月 1 日）

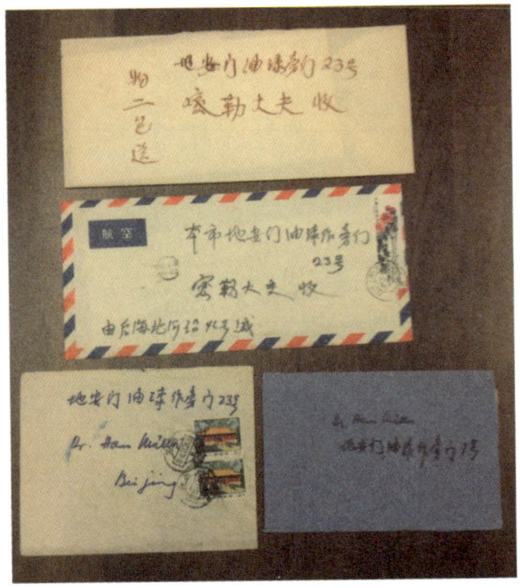

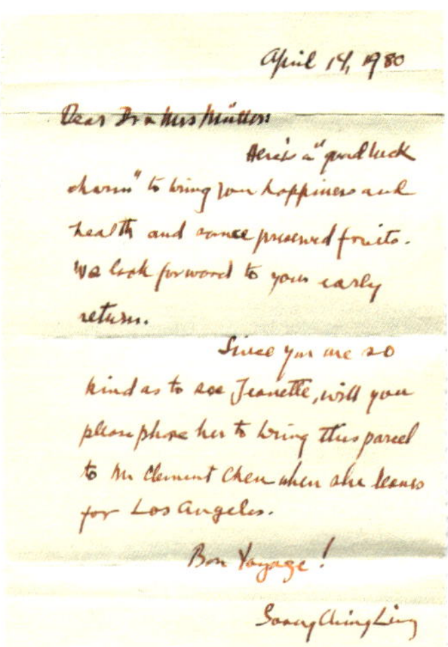

April 14, 1980

Dear Dr & Mrs Müller:

Here's a "good luck charm" to bring you happiness and health and some preserved fruits. We look forward to your early return.

Since you are so kind as to see Jeanette, will you please phone her to bring this parcel to Mr Clement Chen when she leaves for Los Angeles.

Bon Voyage!

Soong Ching Ling

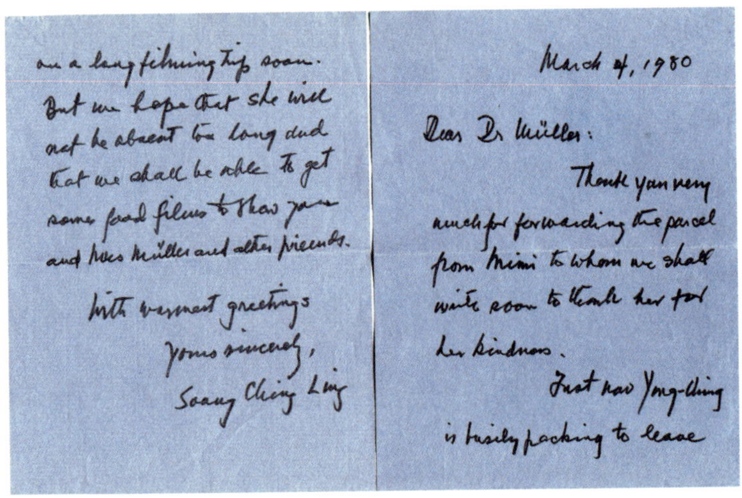

March 4, 1980

Dear Dr Müller:

Thank you very much for forwarding the parcel from Mimi to whom we shall write soon to thank her for her kindness.

Just now Yong-Qing is busily packing to leave on a long filming trip soon. But we hope that she will not be absent too long and that we shall be able to get some good films to show you and Mrs Müller and other friends.

With warmest greetings

Yours sincerely,

Soong Ching Ling

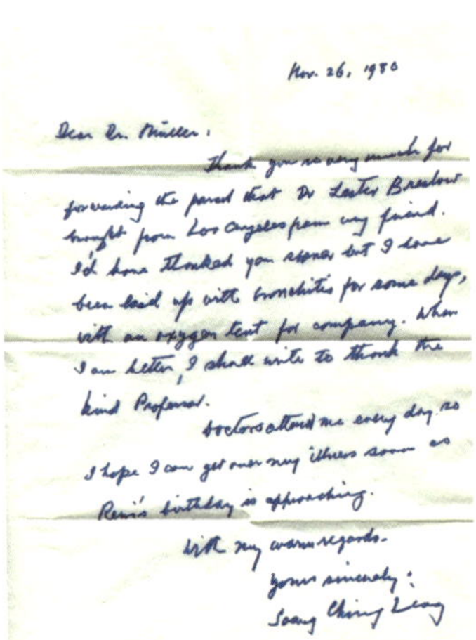

Nov. 26, 1980

Dear Dr. Müller:

Thank you so very much for forwarding the parcel that Dr Lester Breslow brought from Los Angeles from my friend. I'd have thanked you sooner, but I have been laid up with bronchitis for some days, with an oxygen tent for company. When I am better, I shall write to thank the kind Professor.

Doctors attend me every day as I hope I can get over my illness soon as Rene's birthday is approaching.

With my warm regards.

Yours sincerely,

Soong Ching Ling

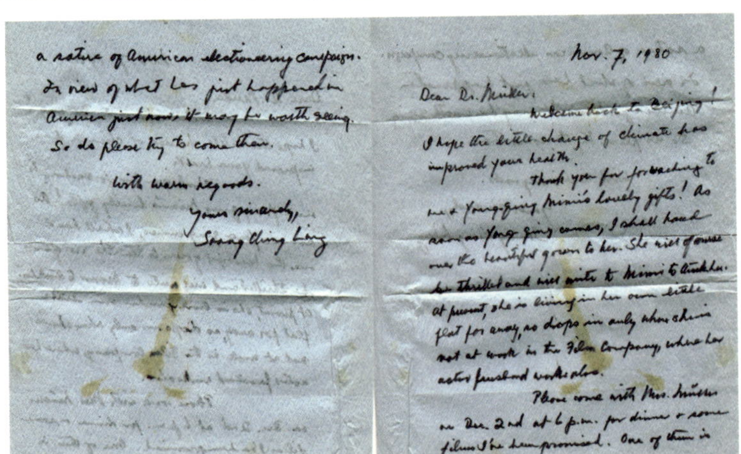

Nov. 7, 1980

Dear Dr. Müller:

Welcome back to Beijing! I hope the little change of climate has improved your health.

Thank you for forwarding to me & Yong-Qing Mimi's lovely gifts! As soon as Yong Qing comes, I shall hand over the beautiful gown to her. She will of course be thrilled and will write to Mimi to thank her. At present, she is living in her own little flat far away, so drops in only when she is not at work in the Film Company, where her actor husband works also.

Please come with Mrs. Müller on Dec. 2nd at 6 p.m. for dinner & some films I've been promised. One of them is a satire of American electioneering campaign. In view of what has just happened in America just now, it may be worth seeing. So do please try to come then.

With warm regards.

Yours sincerely,

Soong Ching Ling

宋庆龄致米勒的四封信及信封（1980年）

寄到瑞士的《中国建设》

宋庆龄很注意向海外宣传中国的发展与信息。

《中国建设》是她钟爱的对外刊物。米蜜到瑞士后，一直收到宋庆龄亲自寄出的《中国建设》杂志，每期不落。

开始米蜜一直以为是杂志社寄给她的，直到有一次，她同时收到了宋庆龄的来信和杂志。手里拿着两份邮件，比对着同样的笔迹，她才恍然大悟，原来自己每次收到的杂志，都是宋庆龄亲自专门寄来的。

1978 年米蜜回国探亲，她专程去看望宋庆龄。宋庆龄很高兴，主动提出说，“我要为你举办一个派对，你说请谁就请谁”。米蜜回答说，“等我丈夫来了再定吧”。当时米蜜的丈夫正带着一个参观团在中国各地访问。等他到了北京后，他俩就一起开了一份名单。宋庆龄果然依照米蜜开出的名单，为她邀请的客人，在宋庆龄的寓所举办了一个派对。

1978 年宋庆龄与米蜜夫妇的合影

我们很早就听说，宋庆龄不喜欢同很多人一起照相，所以此次举办派对时，米蜜就没有提出与宋庆龄合影的要求。谁知那天米蜜一进宋庆龄寓所，永清就主动对米蜜说，派对结束后请稍微等一等，首长要与你和丈夫一起照相。结果，在派对开始前，宋庆龄就与米蜜和她的丈夫一起合影。那天，为他们照相的是马海德的儿子幼马。米蜜高兴极了，也感动极了。她一直把照片还有底片都当成宝贝珍藏着。

1979 年宋庆龄在北京会见《孙夫人的报告》主编泰勒（右四），米勒（右一）和中村（左三）等陪同会见

斗篷与小鞋

1978 年米蜜回中国探亲之后，宋庆龄对我说，米蜜年龄不小了，到了该要孩子的时候了。宋庆龄特意送了一件缎子面的斗篷和两双小鞋子给米蜜，并托我转交。那时米蜜还没有孩子。

米蜜 1980 年时流产了一胎。为了照顾米蜜，在米蜜临产前，我和米勒打算提前赶到瑞士。可是米蜜早产三星期，1981 年 4 月 7 日，米蜜的女儿优利亚顺利降生。小外孙女一出生，米蜜第一时间就向宋庆龄报喜，并给她寄去了女儿的出生通知卡。

可那时宋庆龄已经病了。后来，我们是在瑞士接到宋庆龄逝世的消息。那一刻，我们都特别伤心，尤其是米蜜，她说，她始终不清楚宋庆龄在生前是否知道她生了个女儿？她是否收到了她寄去的报喜卡？这是米蜜心中的一大憾事。

米蜜说，她后来专门就此事问过永清，永清告诉她说，宋庆龄生前知道了。米蜜怀疑这是永清宽慰她的话。

米蜜说，宋庆龄的逝世，使她感觉失去了一位十分亲近的长辈和家人。

宋庆龄逝世的消息公布时，我和米勒正在瑞士照顾米蜜，没能赶上出席国内的追悼活动。

我们是在中国驻瑞士大使馆参加悼念宋庆龄仪式的。

米蜜说，她在瑞士期间，经历过不少中国领导人逝世的事件，但是唯有宋庆龄的逝世最令她伤心欲绝。记得米蜜当时激动地说，“哪怕老板不准假，我也要去悼念。因为我与宋庆龄之间的感情，亲得无法用语言形容。她在我心中的位置极其崇高”。

米蜜说，她接触过一些高层领导，也去过几位领导人的家，唯有宋庆龄留给她的印象与众不同，神圣而尊贵。

在米蜜的印象里，宋庆龄是一个平易近人者，很真实，很朴实，但是令人佩服。

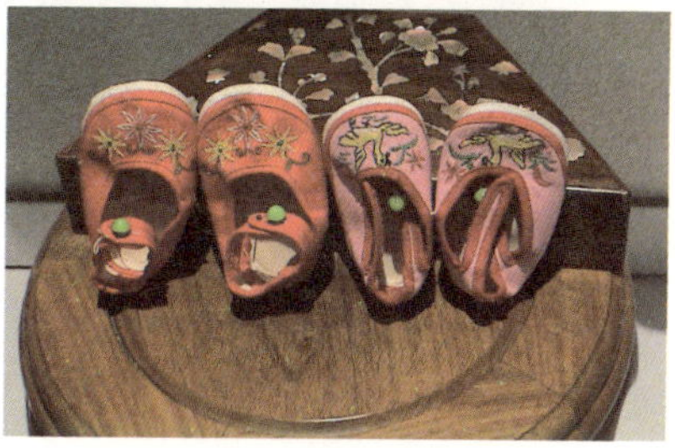

宋庆龄赠给米蜜女儿的斗篷和小鞋

宋庆龄很有原则，不随波逐流，有她自己的想法和主张，虽然她从不多说什么。她不会因别人的意见而轻易改变，喜欢就是喜欢，不在于你的地位。

宋庆龄执着、坚强。她很早守寡，她的家人、亲人都不在身边。为了自己的理想与事业，她一个人过了一辈子，经历了无数挫折与困难，但她从不退缩，也不畏惧。这不是每个人都能做到的。

宋庆龄非常慈祥。米蜜只是一个小辈，宋庆龄就像一位长者与亲人一样，无微不至地关心她。

米蜜说，宋庆龄是一位伟人，为了解放全中国的劳苦大众，她做了很多很多，也付出了很多很多。像她这样的伟人是应该得到世人的尊敬和爱戴的。

直到今天，一提起宋庆龄，米蜜总是由衷地希望能为她做点什么。我也与米蜜同感。

1980年4月12日，宋庆龄在北京寓所宴请抗战时期积极支持“保盟”工作的老朋友。左为艾黎，右为米勒

三位老友

我们到北京后，除了开始与孙夫人宋庆龄密切交往外，还通过马海德大夫，结交了另一个铁哥们——路易·艾黎。

艾黎与马海德的交情开始于1930年代的上海，他们一道参加了一个共产主义学习小组，有很深的友情。从那时起，他们就都围绕在宋庆龄的身边，帮助中国人民的正义斗争。据说，当年宋庆龄接受中国共产党的建议，从上海到香港去筹办支持抗日战争的国际救援机构——保卫中国同盟时，就是由艾黎掩护，亲自将宋庆龄送到码头，登上离开上海前往香港的轮船。

马海德是宋庆龄派驻延安的执行国际和平医院援助计划的代表，艾黎是宋庆龄领导的机构重要援助计划——“工合”项目的实际执行人。当年他们与宋庆龄领导的机构都有着密切的联系，为了一个共同的理想和事业奋斗，生死与共。如今，他们在北京相聚了。

由于他们三个人的价值观相同，经历相仿，兴趣爱好

米勒、马海德（左）、艾黎（中）三位老友摄于1984年

也相投，还有很多相识的海内外的老战友，所以他们三人很快成为最亲密的好朋友。如果没有特殊情况，他们基本上每周都聚会两次，时间是每周一和周四的下午。

他们聚会的路线是这样的：下午 2 点以后，艾黎先来我家，他们两人先聊，聊聊最近的读书心得，谈诗、谈文学，交换书籍，交流购买古玩的信息，考证鉴别收藏的古玩。

下午 4 点左右，他俩就起身到马海德家喝下午茶，聊

三老友在“烤肉季”饭店

米勒（左）和艾黎在公园看演出

一会，或上附近的公园散散步。因为马海德比较忙，所以每次他都得等下班了才来参加聚会。有时他出差或者有会议，缺席聚会，米勒就与艾黎一起去逛公园，最后回到艾黎台基厂的住处，共进晚餐。晚餐后马海德将米勒送回家后才回他自己的家。

这三个铁哥们的谈话，我和苏菲都不参与。他们到底谈了些什么，我们也不知道，总之，我知道，他们是无话

三老友在公园散步

三老友在马海德家喝下午茶

米勒在摄影

不谈的亲密朋友。

有一年，我与米勒应邀到美国去访问，在散步时，美国医生罗森对我说，欧洲人与美国人散步的姿态是不同的，欧洲人双手背在后面，而美国人则从不。后来我在观看一部由德国电视台拍的反映米勒在中国的纪录片时，里面正好有米勒与艾黎一起散步的镜头，我仔细一看，果然，米勒与艾黎的双手都背在后面。

“文化大革命”开始后，米勒、艾黎与马海德都很不理解，他们都认为这场运动是错误的。他们绝不相信，曾经豁出性命、同甘共苦、经历过血雨腥风和战火考验的老领导、老战友会是反革命和坏分子？他们不但不参加，还坚决抵制。当然，他们三人中，马海德比较成熟老练，他不会硬顶。而米勒就沉不住气，他脾气耿直，有话直说，认为不对，就说不对，丝毫不会考虑场合与对象。

记得有一次，上面通知他们参加批斗大会，开始他们不准备去，后来拗不过，只能去了。到了首都体育场，看见造反派把陈毅等领导拖出来挂大牌子批斗，米勒马上质问，这样做不合法！后来他们三人集体退场，以示抗议！

动荡年代

突如其来的“文革”运动，一下子把我们弄懵了，幸亏1960年代初，因为米勒身体不好，组织上为了照顾他，没有把他放到领导岗位，而是安排他在积水潭医院担任业务指导，否则，依照他的个性和一丝不苟的认真劲儿，“文革”中他一定是个“走资派”，肯定躲不过残酷的批斗会，后果不堪设想，苦头绝不会少吃。

虽然他没有挨批斗，可是他看见其他好干部、好领导莫名其妙靠边、挨整，他绝不会袖手旁观。

我们医院的党委和医院行政管理机构一夜之间瘫痪了，几乎所有领导都成了批判对象。

1966年初秋的一天，全院工作人员被集中到小礼堂开会，原来的领导全部“靠边站”了。一个新成立的组织人员主持会议，在念了一段毛主席语录后宣布，即日起，运动由“无产阶级革命派”领导，原来的各级组织和领导人必须接受“造反派”审查。接着的一个个发言，都是颠倒黑白的胡说八道。

被叫来听会坐在第一排的米勒实在坐不住了，他不理解为什么要发动这场“革命”？在台上台下一片嘈杂声中，米勒走上讲台发言，他说：“同志们，我是一个德国血统的中国共产党员。我来到中国已经30年了。我自己就是一个见证人。过去的历史不能否定。那些为中国革命作出过很大贡献的人，怎么能一下子全是坏人？我不能怀疑我过去相信的一切……”

米勒说的是他心中所想的大实话，但是他的大实话马上被造反派打断了。他们抢过他的话筒，不让他讲下去。米勒还天真地逆流而上，不愿随波逐流，不讲违心话，他自己召集党员过组织生活，开党员大会，号召党员团结起来。米勒不合时宜的行动，在当时形势下根本无济于事。他的耿直脾气，使他在毫无正常工作秩序、无法开展正常医疗工作的环境中痛苦不堪。他发现，他实际上已经被迫

"靠边站"了，成了"不受欢迎的人"，他只能待在家里。

可是，在家里也不太平，他看见有一群红卫兵在我家门口拉开摊子批斗一家所谓的"一贯道"，批着批着就开始动手打人了。他实在看不下去，非要冲出去与他们理论。幸亏马海德当时也在场，使劲拦着他，死死地拽住他，他才没能冲出去，不然，还不知道会有什么可怕的结局。

后来，老战友马海德的夫人苏菲被单位的造反派抓走关起来了，马海德的家也被抄了。米勒气得召集了几个朋友到家里商量，给毛主席写了信。

不久的一天，他在北海后门附近散步，看到正在修路，他就停下来看，被几个修路的工人当作外国间谍扣下，盘问他在看什么？米勒说我在看你们修路，工人说他是间谍，米勒说我是中国人。他们冷笑着说，中国人哪有你这么高的鼻子？米勒从自己的裤子兜里掏出他那个入中国籍的证明，可是没人相信他，硬是把他扭送到了厂桥派出所。类似这样的事，之前也不断发生。

一次他去看望马海德，结果发现自己被人一路盯梢。

另一次他去买鲜花，售货员断然拒绝，说："不卖给你这个外国人！"他气愤地同售货员理论："白求恩来了你卖不卖？马克思来了你卖不卖？"

米勒来到北京后一直担任中央人民广播电台的德文组审稿人，"文革"中，因为他对一些稿件内容提出了不同意见，也遭到了解聘。

一连串的遭遇使他怒不可遏，他觉得自己的人格受到了侮辱，自己追求的真理遭到了扭曲。倔强的米勒提出，你们可以把我送进派出所，可是要让我走出派出所，除非国务院派人来接我。

后来，派出所通知我们积水潭医院的同志反复跟他说好话，派出所同志也一个劲解释、道歉，他才很不情愿地回了家。

古董只卖五元钱

“文革”开始后，红卫兵走上街头抄家、扫“四旧”、剃阴阳头、剪小裤腿、揪斗坏分子、游街、贴大字报……到处闹腾得很厉害。

有一天，家里的阿姨老刘很兴奋地回来邀功，说自己今天捡了一个大便宜，要米勒奖励她。

原来她知道米勒喜欢收藏古董，闲暇时经常把玩、欣赏，而且每回马海德、艾黎来家里时，他们都会一起鉴赏文物，时常在一起探讨和争论不休，往往为了一件文物的真伪、年代和价格，意见不一，互不相让。

这天老刘上街买菜，看见寄卖商行门口放着一只古董大缸，十分漂亮。一打听，只卖五元钱，真是太便宜了！老刘认为这事划算，米勒见了一定喜欢，于是自作主张，用手中买菜的钱，买下了这只五彩大缸。她边说边将新买下的大缸连同摆放大缸的红木架子一起抬进了屋。

只卖五元钱的五彩大缸

米勒家的中式柜橱

米勒家的中式条案

米勒看着大缸，脸色并不好看。他对老刘说，这次买了就算啦，下次可不能买了。老刘急了，以为自己买错了东西，问米勒，这是假货？

米勒说，这是真货，是个好东西。可这不是公平交易，是趁人危机占人家的便宜，是做昧良心的事，以后千万不能干了！

接着，他叮嘱儿子和女儿，不许到人家里去抄家，这是犯法的事，是犯罪！

为儿女担忧

在米勒自己受辱的同时，子女的遭遇更让他揪心。

米勒是个好父亲，他很爱家庭，很有责任感，也愿意为这个家操心。家庭与子女都在他心里占有很重要的位置。他重视子女的前途，关注着他们成长的每一步。他一贯重视子女的教育，努力让子女德智体美全面发展。在子女的学习与教育上，他很舍得付出，无论是经济还是精力。

“文革”开始了，学校不上课，红卫兵上街抄家、造反，甚至武斗。他认为这是把孩子引向歧途。他担心自己的孩子也加入到打、砸、抢的犯罪行列。

他把两个孩子叫到一起，严肃地对他们说，能不参加抄家就不参加，躲不过去一定得去的话，记住绝对不可以动手打人，要是你们谁动手打了人就再也不许回这个家！

马海德的家被抄了之后，我们整夜睡不着觉，第二天，我就把米蜜叫来郑重地作了交代。我告诉她，马伯伯家被抄了，接下来很可能就轮到我们家了。我们从来没有做过对不起中国人民的事，也没有做过对不起中国共产党的事。在学校里，如果你们被批斗，绝不能低头。我和你爸爸如果被带走不能回家的话，你们俩一定去找幼马（马海德的儿子）和他一块儿过日子，相依为命。我们家里的钱就放在我们房间的抽屉里，你们拿去过日子吧。可以卖家具，可以辞退阿姨，住在伯伯家也行，住在咱们家也行。

说实话，在乱哄哄的社会局面下，我们对女儿米蜜的安全更为担心。米蜜的长相与众不同，她曾多次遇到小流氓的骚扰和欺负。当然，我们对她今后的前途更加担心。学校不上课，书是无法读了，可是学校又不好好安排她的工作。当时不少学生被安排到农村插队落户，米勒坚决不同意女儿下农村，不是反对她务农，主要还是担心她的人身安全。她成了不好安排工作的学生。我们的要求不高，只要能安排米蜜到工厂当个工人就行。可是，这样的要求也无法实现。学校先是安排米蜜到一个全是男性工人的单

米勒签名肖像照

位，报到第一天，连那个单位的领导都认为不合适，米蜜就回家来了。后来，又安排米蜜去电力公司，干每天挨家挨户抄电表的工作。米勒认为这对米蜜的安全不利。

这些事都深深地刺痛了米勒，他没想到自己革命几十年，最后因为自己还连累了子女的前途。

他是个较真的人，他很不理解，现在的中国共产党在执行什么路线？经过思考，米勒决定离开中国回德国。

给周总理写信

米勒是个犟脾气，他决定了的事，谁劝也没有用。

他找到了我们医院主管外事的干部，正式提出了回德国的要求。他说，我已经是“狗不理了”，我在中国没事可做，医院不让我上班，不要我看病人，我子女的工作无法安排。这一切说明我在中国是多余的人，你们让我回德国去吧。

老朋友马海德和艾黎都苦口婆心地劝他，可他毫不动摇。

我其实心里也不想走，因为我不知道到德国去的后果又会怎样？但是我也无法说服他。

为了早日离开中国回到德国，米勒召集我们全家学习德语，由他负责教我们。可是我看得出，两个孩子对跟着他去德国也没有多少信心。我们虽然顺从他开始学习，但是并不认真，也不努力。他一本正经地教我们，我们却老是讲笑话、开玩笑，消极抵制。

我们单位负责外事工作的干部十分同情米勒的遭遇，但是又无法说服他回心转意。情急中，他想起了周总理，他认为周总理一定能使米勒摆脱困境，于是他建议米勒直接给周总理写信。

这个建议打动了米勒，因为周总理是米勒敬佩、热爱和尊重的国家领导人。

米勒一直珍藏着一张照片，是周总理与路易·艾黎坐在一起亲切交谈的照片。他经常向人讲述这张照片的故事。

那是“文革”初期的一天，江青通知艾黎出席在首都体育场举行的一个重要的大型活动，但是为了羞辱艾黎，故意不让他在主席台就坐。会议开始前，周总理到场了，他一眼看见艾黎坐在台下，立即起身，走下主席台，径直走到体育场内，在艾黎身边坐下，并且亲切交谈了很长时间。他以这种特殊的方式，向在场的几万名群众表达了对艾黎的敬重。新闻记者们拍下了这张珍贵的照片。

因此，对周总理，米勒充满信任。过去，他从不愿为

周总理与艾黎在首都体育场亲切交谈

自己的小事麻烦总理，可现在，遇到了无法跨越的障碍了，确实到了非得总理出面才能解决的地步了。

米勒认真地给周总理写了一封信，并亲自送到了国务院。此时的马海德，也给周总理写了信，希望周总理出面，劝说米勒留下。

米勒的信送到了周总理的办公桌上，他立即指示秘书，转请北京市委领导马上找米勒谈话，征求米勒的意见，了解米勒的困难与要求，妥善解决米勒遇到的实际困难。

从米勒的来信中，周总理联想到其他在华专家们的境遇，于是他指示外国专家比较集中的单位（中央人民广播电台、新华社、外国专家局、对外友协、中国建设杂志社、外语学院、卫生部及北京市委等十个单位），各指派一人，组成十人小组，负责了解所在单位外国专家的近况、意见和困难，并与总理直接联系、汇报情况。

“全聚德”设宴

北京市外办遵照周总理的指示，很快约请了我们全家谈心，劝米勒继续留在中国工作，承诺将妥善解决米勒的工作、生活以及子女的工作等问题。与此同时，选派时任北京市委侨务组的负责人参加十人小组，先后到我们家多次，转达周总理及北京市委的关心，反复宣传中央对国际友人的一贯政策，竭力劝说米勒放弃回德国的申请。

周总理请人来转达的意见有三条：1. 安排米勒工作；2. 为我们的子女安排工作；3. 对我们生活上的困难与问题予以解决。

为了妥善安排米勒和我们子女的工作岗位，北京市委派得力的干部多次上门征求我们的意见，反复协调。最终决定，将米勒安排到北京医学院担任负责外事和科研工作的副院长；将米蜜和德华分配到了 718 厂工作，这是一家

北京市委书记吴德（中）在“全聚德”设宴挽留米勒（左）

1972 年米勒出任北京医学院副院长，分管外事和科研工作

军工厂。

米蜜参加工作后，再次遇到了一系列的歧视与委屈，她一度十分灰心丧气。时任北京市委书记吴德得知后，亲自在著名的餐馆“全聚德”设了两桌宴席，邀请我们全家和米蜜所在工厂的主要领导书记与厂长出席。米蜜单位的领导去后，见到如此高规格的场面，看见领导对待我们的态度后，心里肯定明白了。从此，米蜜的境遇彻底改变了。

后来，米蜜和德华又先后被保送到清华大学工业自动化系和精密仪器系学习。

虽然那时依然处于“文革”时期，但是正是由于有了周总理的亲切关怀和北京市委不厌其烦的细致工作，米勒的心温暖了，我们全家的心也温暖了。

米勒不再提回德国的事了，我们全家的生活逐渐恢复了平静。

毛主席错了也得改

不久，北京市委书记吴德又找米勒谈话，他告诉米勒，先不忙着工作，让米勒带着我们全家到全国各地走一走，看看全国的大好形势。于是，我们全家在上级安排下，开始到各地旅游。

1971 年 9 月 13 日，林彪事件发生时，我们全家和马海德全家刚巧在广州，正准备回北京。突然听说机场关闭，所有飞机禁止飞行。何时飞机能起飞，等候通知。我们大家只能在宾馆等候通知。这时，美国一个医学代表团从香港过来也被困在广州无法前往北京，与我们住在同一家宾馆。

我们在广州等待的日子里，米勒和马海德认识了美国医学代表团的医生，米勒与其中一位著名的专家罗森很谈得来，从此他们成为好朋友。

米勒与美国著名医学专家罗森

1971 年郭沫若在北京会见美国医学代表团，米勒夫妇（前排左一、左二）参加会见并合影

回到北京一段时间后，米勒发现，单位里与他同一级别的干部都听了有关“九一三”事件的文件传达，可是没人通知他。

他找到领导询问，领导说，他不在传达范围之内。米勒的牛劲上来了，问，我为什么不在传达范围？请把理由讲清楚！

得到的回复是，文件不传达给加入中国籍的外国人，这是毛主席决定的。米勒很生气，他说，入了中国籍的就是中国人，我是中国共产党员，听文件传达是我的权利，如果这真是毛主席决定的，请转告毛主席，这是一个错误的决定。毛主席错了，也要改正。请把我的意见汇报上去。

很快，答复下来了。结果是——米勒胜利了，他被通知，可以看文件了。

周总理的关怀

对我们来说，1973 年 3 月 8 日是一个难忘的日子。

这一天，我们全家被邀请到人民大会堂出席庆祝三八国际妇女节纪念活动。

我和米勒在前排席位就座，两个孩子坐在后面的席位。

一进大会堂，我们发现，这次的活动不同寻常。以往的“三八”庆祝活动，从来没有邀请这么多人，通常只请女专家参加。而这一次，几乎所有的外国专家都是举家受邀出席。我们看到了很多久违的老朋友，比如艾培夫妇，他们被关了多年，这次也出席了活动。

人民日报

毛主席语录

1948年6月15日创刊 第9009号 1973年3月9日 星期五 农历癸丑年二月初五

中联部外交部为庆祝“三八”国际劳动妇女节举行茶会

招待在京女专家、专家夫人等

来自世界五大洲四十个国家和地区的二百多位朋友应邀出席 周恩来江青张春桥姚文元王洪文耿飚蔡畅康克清乔冠华等出席 周总理讲话强调说，我国妇女和全国人民一定要全面贯彻执行毛主席的教导，彻底肃清大国沙文主义，积极扩大同各国朋友的友好往来，互相帮助，互相学习，一起干革命

新华社一九七三年三月八日讯 为庆祝“三八”国际劳动妇女节，中联部和外交部今天下午在人民大会堂举行茶会，招待在京女专家、专家夫人和她们的家属。

应邀出席茶会的来自世界五大洲四十个国家和地区的二百多位朋友当中有柯如思、[illegible]弗兰、帕特、爱德勒、瓦西莉卡、克里斯[illegible]、尹启秀、史密斯、妮达、阿戴、福斯[illegible]·卡夫雷拉。

周恩来、江青、张春桥、姚文元、王洪文、耿飚、蔡畅、康克清、乔冠华、马文波、[illegible]、廖承志、冯铉、张香山、丁国钰、王[illegible]、郝建秀、赵兰香同志出席茶会。他们向各国朋友致以热烈的节日祝贺，感谢他们对中国的社会主义革命和建设作出了积极的贡献。

茶会由中联部部长耿飚主持。

周恩来总理在茶会上讲话。他鼓励中国妇女不但要关心本国的革命和建设，而且要关心世界各国人民和妇女的革命斗争，做到胸怀祖国，放眼世界，发扬无产阶级国际主义精神，努力为全人类的彻底解放作出自己的贡献。

周恩来总理在讲话中着重阐述了毛主席关于无产阶级国际主义的教导，特别是在无产阶级文化大革命中关于对外国革命专家和中国同志应该一视同仁，过一样的政治生活的指示。

周恩来总理强调说，我国妇女和全国人民一定要全面贯彻执行毛主席的教导，彻底肃清大国沙文主义，积极扩大同各国朋友的友好往来，互相帮助，互相学习，一起干革命。

今天各国朋友和中国同志欢聚一堂，感到格外高兴。大家亲切交谈，畅叙友谊，茶会始终洋溢着亲如家人的热烈气氛。

茶会以后，北京市少年儿童为各国朋友演出了歌舞、武术等节目。

出席茶会的还有首都各界妇女代表[illegible]，以及新闻、出版、教育、卫生等有关单位的负责人。

1973 年报道“三八”节活动的剪报

更特别的是，周总理出现了，他过去从不参加这类活动，这次他出席了，还代表中国政府发表了长篇讲话。

周总理真诚地回顾了前一阶段在华外国专家和华裔专家的情况，他代表中国政府、代表毛主席，向在座的各位专家及家属表示歉意，希望大家对前一段工作中的不足予以谅解。

周总理的话语重心长，深深打动了我们在座的每一个人。周总理讲完话后，举着酒杯走到我们面前，他对米勒说，我很高兴看到你的信，我们希望你留在中国，希望你对我们有信心！周总理看着我，问我，我记得你是日本人？我说，是。我真是佩服周总理的记忆力，凡是他见过的人，他都能叫出名字。周总理又诚恳地要求米勒："把这些年的不愉快，统统忘掉吧！"米勒激动地表示："我早已忘记了那些不愉快！"

令我的两个孩子米蜜和德华感动的是，他们原以为周总理向所有大人们举杯问好后就会回到座位，谁知周总理他老人家举着酒杯走遍了每一桌，包括所有参加活动的孩子们。他举杯向每一个孩子一一问候！这就是周总理伟大的人格！这种魅力，怎么能不令人感动？怎么能让人忘怀？米蜜说，她一直保留着那天的报纸，因为那上面有值得纪念的信息。

从那天起，我也松了一口气，我们再也不用被逼迫着学习德语了，我们将继续定居北京。

米勒在家中院子里

四、杰出公民

“米勒日”

1972年，米勒正式到北京医学院上任，学院召开了欢迎大会，领导特意通知我也去参加了。我发现，米勒特别善于演讲，他那天讲得好极了。

米勒接待加拿大医学博士访问团

米勒接待菲律宾女医生代表团

米勒接待美国医学代表团

米勒接待美国医生阿伦夫妇

米勒定期深入北京医学院第三附属医院指导业务

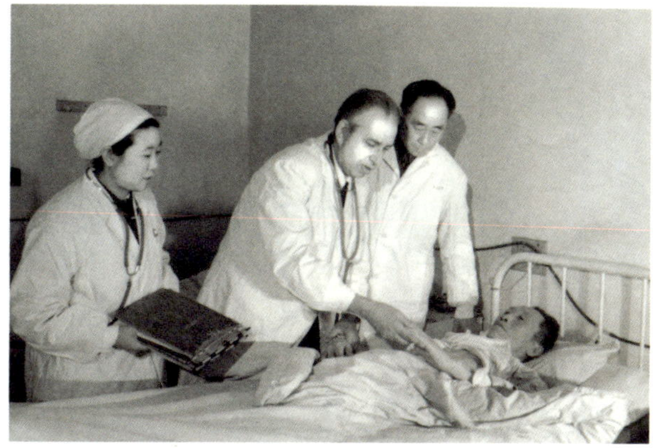

米勒在认真查房

他先回顾了自己走过的道路，他说，“我是一名来自莱茵河畔的普通战士。几十年来，跟着中国革命的步伐前进！在党的教育下，在中国人民的关怀下，我成为一名中国共产党员。对此，我感到欣慰和自豪，因为中国共产党是一个伟大的党，中国人民是伟大的人民”。最后，他表示要竭尽全力与全体同志团结在一起，搞好学院的工作。米勒热情洋溢的讲话，赢得全院师生的热烈鼓掌。

米勒除了负责自己分工的那部分工作外，还深入北京医学院第三附属医院的内科，亲自参加医疗工作。每周定期到病房巡诊，帮助其他大夫诊断疑难病症。他特别注意对青年医生的培养。除了亲自授课外，还帮助大家提高外语水平，以便掌握国外的最新信息与技术。

“文革”前，医学院和医院每周三下午是固定的业务学习时间。“文革”开始后，这个业务学习制度被废掉了。为了提高医务人员的专业技术，米勒顶住了当时忽视业务的错误倾向，坚持恢复学习制度。他规定每个星期三的下午，作为固定的业务学习时间。他提倡并且支持北京医学院各附属医院开展专业对口交流。

米勒的这个举动，深得广大医务人员的拥护，特别是中青年的医务人员，他们对业务学习的渴望十分强烈。大家从心底里赞成，就把这个学习日称为“米勒日”。

日本省亲

我自 15 岁那年离开日本来到中国，时刻牵挂着日本的亲人，我至今一直保留着日本国籍，就是希望有朝一日能回到祖国日本。可是，由于两国没有外交关系，我连回去探亲的机会都没有。我把思念藏在心里，从没敢向组织上提出过。

1972 年初，北京市委书记吴德同志主动建议我带着全家一行四人，回日本家乡去看一看。对这个建议，米勒很支持。

在北京外办的协助下，我们抓紧办理一切赴日本的手续。可是当时中日尚未建交，我也没有日本护照。1945 年，我到中国东北"满铁"护校时，"满洲"在日本占领与统治下，日本人可以随意进出，不需要护照。因此，当年我来中国时没有办理过任何出国的手续与证件。我现在要回日本探亲，很多手续都不知该怎么弄。这时，艾黎的老朋友、日本友人池田幸子及时向我们伸出援手，帮了我们很多忙。

池田幸子曾是一名日本共产党员，早在 1930 年代，她就在上海与艾黎一起，开展了一系列支援中国抗战的进

美国友人格兰尼奇夫妇与池田幸子（左三）在香港

步活动，她是中国人民的老朋友。战后，她从事商业贸易，在北京设了办事处，曾多次参加中国举办的广交会，为促进中日友好和经济交流，做了大量工作。

好友池田幸子

我们定居北京后，艾黎介绍我们与池田认识，我们从此成了好朋友。

得知我们全家打算回日本探亲，池田主动承诺，为我们担保，着手各种联络与安排。当时出面做担保人是要做很多事的，不但要负责安排我们在日本的全部行程，还要保证每天向日本警察局报告我们的活动情况。她不嫌麻烦，为了我们的成行，多次奔波、操心。

刚开始，我们一家到日本驻香港的领事馆办理手续时，很不顺利，主要因为两国没有建交，我又没有护照，所以没有办成，日本领事馆让我们回北京等候。

不久，传来了日本首相田中角荣即将访华的信息，在中日友好的大形势下，我们的赴日之行也大大加快了进度。

很快，日本驻香港领事馆主动通知我，没有护照也可以赴日了，这叫特事特办。

同年 7 月，我们全家获准赴日本探亲。而且，我们被告知，每日的行踪也不必向日本警察局汇报了。

我踏上家乡土地的那一刻，心中的感受难以言表。

我的家乡福冈，原名博多，是日本奈良时代的博多大津，为西部首屈一指的大港，同中国已有两千年交往的历史。明治二十二年，即公历 1889 年，将博多周围的地区合并，建成福冈市。现代化的福冈市，是日本重要的大城市之一，也是九州的重点地区。几十年前，我就是从博多港乘船离开日本的。

回到家乡，见到了母亲，我和母亲搂抱在一起，悲喜交加。母亲见到我带着全家回来，高兴极了。她特别喜欢米勒这个女婿，认为他有学问，会疼爱妻子，还很顾家。当然，老母亲也格外疼爱我的女儿和儿子。

家乡人听说我回国来了，我的舅舅、姨妈、哥哥、姐姐、弟弟和同学、乡亲都赶来探望了。为了欢迎我们全家，

穿和服的米勒

1972 年 7 月米勒全家回日本省亲

我的哥哥代表中村家，举办了盛大的接风会。按照日本的风俗，大家围着长桌，坐在榻榻米上。考虑到米勒是个大高个，坐不惯榻榻米，便给予他特别优待，为他安排了雅座，一张单人沙发。

我们在母亲家住了一周，游览了当地著名旅游胜地别府温泉和阿苏火山，然后告别亲友，返回东京。

带回肝炎试剂

日本之行，圆了我的回乡之梦。而米勒除了陪我圆梦之外，最大的收获是带回了肝炎试剂，为中国攻克乙型肝炎，立下了大功。

当然，这份功劳离不开池田。是她，精心为我们作了安排。

池田知道米勒的专长与兴趣，她除了安排我们乘坐新干线去了京都、奈良和箱根外，还为米勒安排与日本医务界的知名专家交流、座谈。安排我们参观了医院、药厂和学校。特别是让米勒结识了著名的肝病专家西冈久寿弥教授。

米勒（左三）与西冈教授（左四）一见如故

西冈夫妇在长城

米勒（右三）参观日本肝病研究所实验室

米勒（左二）在日本研讨肝炎的诊断

米勒与西冈教授一见如故，他们共同的兴趣是对肝炎的成因及正确诊断和治疗，他俩对此专题进行了深入的探讨。

米勒一向重视科研，自从他到北京医学院分管科研与外事工作之后，对与国际同行合作开展科研的兴趣更大。

中国是个肝炎大国，尤其是乙型肝炎的诊断与防治，一直是没有攻克的难题。由于乙型肝炎症状不明显，往往会与胃病、感冒等疾病混淆，造成误诊。

早在延安国际和平医院时，米勒曾多次看到患有肝硬化的病人被夺走了性命。在多次治疗中，米勒发现肝硬变病人大多早期患过肝炎，但是由于缺乏检测手段，更没有预测办法，以致误诊为神经衰弱、感冒、消化不良等。米勒在延安时就提出，要重视肝炎，要早期诊断肝炎。

在名古屋，西冈教授向米勒引荐了卫材公司的董事长内藤祐次与内藤幸次兄弟。内藤兄弟对中国一直比较友好。我们去日本时，两国尚未正式建交，可是当我们进入卫材药厂时，主人升起了五星红旗，在接待我们的会议室里，桌上也摆放着五星红旗，这让我们非常感动。

在内藤董事长陪同下，我们参观了卫材药厂。卫材药厂设有一个博物馆，陈列着从江户时代以来日本采药、制药的资料。通过参观，米勒了解了日本药材发展的历史，感到很有收获。

西冈教授在临别时把经他多年研制成功的诊断乙型肝炎的先进方法介绍给米勒，这是一种特异性检测乙型肝炎的免疫扩散法。通过测定人体内有无乙型肝炎抗原（澳大利亚抗原），即可作出明确的诊断。西冈还赠送给米勒一些检测板，让他带回中国试验。米勒十分高兴。但是，如何将试剂带回国内，是个大问题。

为此，米勒专门通过有关渠道，请示、汇报，得到了批准，终于将肝炎试剂顺利带回了中国。

米勒访日参观卫材药厂，与内藤总裁夫妇合影

中国乙肝疫苗之父

今天，在中国，每个孩子一出生就会注射乙肝疫苗，从源头上杜绝了乙肝的发病与流行，大大减少了乙肝对人们健康的危害。而这项惠及中国百姓和中华民族健康的头功，非米勒莫属。

米勒从日本回到中国，立即着手研究工作。这个任务交到哪个团队合适呢？

米勒选择了北京医学院附属北京人民医院检验科的陶其敏。陶大夫早年就读于山东医学院，这所医院的前身是新四军白求恩医学院。陶大夫自 1953 年就开始了肝病血清酶学改变的研究，“文革”中被迫中断停顿了六年。

此次米勒找到陶大夫，问她是否有信心进行这项科研？陶大夫表示，虽然条件简陋，可是只要米大夫作自己的坚强后盾，她就有决心，也有信心。因为在她的工作中，也接触到了不少令她痛心和遗憾的病例，她早就立志攻克这个难题。现在有米大夫的信任，又有西冈教授的经验和测试板，对她的激励更大了。她代表她的课题组向米勒接下了任务。

不久发生的一件事，更坚定了大家研究的决心。

北京一个重要部门的解放军执勤分队共 30 名战士，转氨酶的检查普遍稍高，但是没有任何明显的其他症状。他们求教于北京医学院。米勒就请陶大夫使用西冈教授的检测方法，发现有四个人澳抗阳性，其中包括班长和炊事员。

这个小分队被及时地作了检疫处理，切断了一个重要的肝炎传染源，防止了一场危及党和部队领导人健康的事故。

但是，这一次，仅仅是检测出了病人，而且检测板是有限的，很快就要用完的。米勒提出，能不能参照西冈的办法，搞出一个适合中国国情的检测方法。

在北京医学院和人民医院领导的支持下，研究小组经过多次探索，研制成功了对流电泳检测法，检测出了乙型肝炎患者。

1973 年 5 月，日本西冈教授带着他最新研究成功的对乙型肝炎更敏感的测定方法来到中国，并受北京市外办的邀请，在人民医院作示范展演。米勒为了让更多人掌握这种检测技术，还邀请了北京市其他医疗单位以及上海等外地有关人员参加。

西冈回日本之前对米勒说，这年 10 月东京要召开一个西太平洋地区肝炎实验室工作会议，希望中国能派代表参加这次会议。

陶其敏向米勒表示，要出席国际会议，中国必须拿出自己的试剂，也就是中国自己的标准抗原和抗体、检测的试剂盒。米勒全力支持。

1973 年米勒出席东京国际肝病研讨会并在大会作报告

我清楚地记得，在攻关小组努力攻关的日日夜夜，米勒每天早出晚归，回到家都很累不愿说话。科研小组的条件虽然很差，可以说是一穷二白，但是大家斗志昂扬，有一股不服输，非要啃下硬骨头的精神和拼劲。米勒是科研小组的精神支柱和灵魂，他不断给科研人员打气、鼓劲，帮助他们理清思路，协调关系，甚至帮助他们逐字逐句地推敲、修改论文，是他们最有力的坚强后盾。

在顽强努力下，科研人员只用了四个月，就赶在国际会议召开之前成功地制成了合格的、带有表面抗原的敏感血球，用中国自己生产出的试剂，建立了一项敏感的检测方法。

当年 10 月，米勒以中国代表团团长的身份率团出席了东京会议。在会上，米勒报告了中国利用新的检测方法所取得的成果，提供了纯化的表面抗原、抗体及敏感血球。经鉴定，试剂完全符合国际标准。米勒的报告得到与会者的重视和一致好评。

在中国大使馆举行的宴会上，西冈教授由衷地对米勒说，我的很多外国学生，学成回国后，由于不具备条件，就放弃不干了。陶其敏大夫根据中国的条件，对我的方法加以改进，并有所发展，我佩服！你们在科研上，真是也有一股争夺乒乓球世界冠军的劲头！

西冈教授对陶其敏大夫伸出大拇指说，我们用三年时间搞出来的东西，你们在缺乏设备的条件下，三个月就搞出来了，你胜利了！

西冈教授担任了北京医科大学的名誉教授，他每年来华两次，每次总要给科研组带来一些稀缺的仪器、试剂等，还和陶大夫联合培养中国博士生。

米勒在东京与国际同行交流

"请拿我做活体实验"

能够成功地进行肝炎的科研及早期诊断，但并未解决肝炎的预防问题。米勒又向科研组提出更高的要求，研制出疫苗，实现预防接种。

一天，米勒在一份美国杂志上看到了一则简讯，美国已经开始研究乙肝疫苗，他马上将这个消息告诉了科研小组。大家表示，外国人能搞出来，我们也能搞。米勒表示，你们有决心，我一定尽我的努力支持你们。

科研小组的条件真是简陋，一小间六个平方米的无菌室是从仓库隔出的房间，设备不全，只有一些 500CC 装葡萄糖注射剂的药瓶和吊点滴用的铁架子。但是大家的劲头十足，勇于拼搏，因陋就简，想方设法，克服了种种困难，经过几百次反复试验，1975 年 7 月 1 日，赶在中国共产党诞生纪念日，终于制成了我国首批乙肝疫苗。大家为这个疫苗起名"7571"。

疫苗要投入使用，必须先做动物试验。据文献记载，大猩猩是可以感染肝炎的。但是中国不生产大猩猩，进口则要花大量外汇，何况又没有饲养大猩猩的条件。这个难

米勒带领科研组攻关

题似乎无法解决了。

科研再次中断了，疫苗被锁进了冰箱。

当米勒了解到目前科研的障碍是无法进行动物实验后，他找到陶其敏，问她："动物实验的目的是什么？"陶大夫答："是为了安全地在人身上使用。"米勒再问："既然是为了安全地在人身上使用，为什么不直接在人身上实验？"陶大夫说："没有经过动物实验，疫苗有无其他毒性，我毫无把握，在人身上实验风险太大。我不能这样做。"

米勒说："我想过，我指的在人身上做实验，指的这个人是我，请在我身上做活体实验！"陶大夫惊呆了！断然否决。米勒继续要求："我今年已经过了60岁了，按中国人来讲，已是老人了。我来华工作几十年，我的一切都是中国人民的，我要为中国人民再作点贡献。"接着，米勒又进一步提出了理由，他说："我是医生，我会更好地体验和反映疫苗的性能，请给我注射吧！"陶大夫坚决地说："不行。"米勒说："我命大。在太行山时，伤寒要送我去见马克思，但他硬是不见，我只好回来。在沈阳，严重的心脏病再次送我去天堂，结果上帝不要，我又回来了。现在，他们都没有空见我，你放心吧！"

米勒的一片赤诚和献身精神，打动了科研小组的同志们，但是大家坚决不同意用米勒做活体实验。

可是，米勒的提议启发了陶大夫，她偷偷在自己身上注射了疫苗。当米勒知道后，狠狠批评了陶大夫，他说："你是这门学科的带头人，你有个三长两短，对工作的损失是无法弥补的。"大家在紧张的观察与等待中，度过了难熬的试验期。陶大夫的抗体产生了，她顺利挺过来了。

在米勒、陶大夫的献身精神感召下，人民医院的领导，科室负责人，检验科、研究组的同志们，纷纷报名要求在自己身上注射疫苗，做第一批实验者。

中国终于成功地制成了乙型肝炎疫苗，跨进了肝病研究的世界先进行列。中国第一个肝病研究所成立了，米勒担任了研究所的名誉所长。

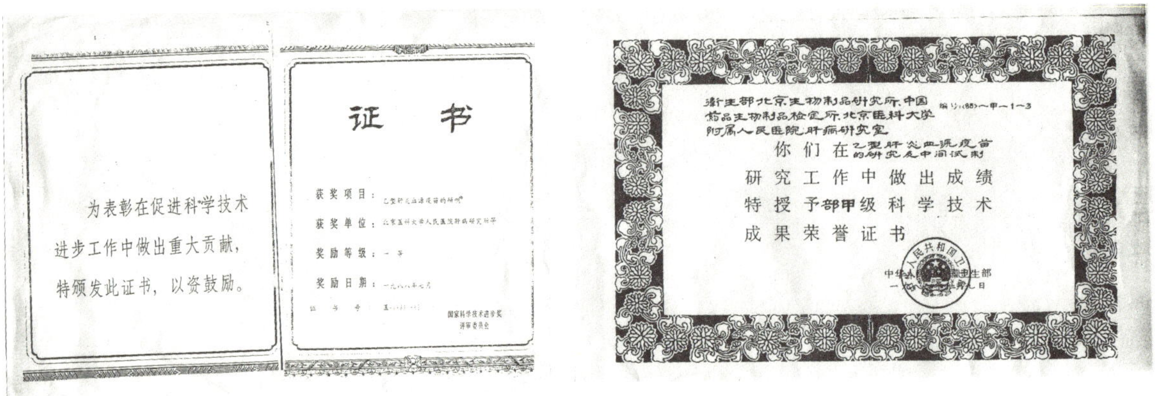

为表彰在促进科学技术进步工作中做出重大贡献，特颁发此证书，以资鼓励。

证　书

获奖项目：乙型肝炎血源疫苗的研制

获奖单位：北京医科大学人民医院肝病研究所

奖励等级：一等

国家科学技术进步奖评审委员会

卫生部北京生物制品研究所、中国药品生物制品检定所、北京医科大学附属人民医院肝病研究室

你们在乙型肝炎血源疫苗的研究及中间试制研究工作中做出成绩特授予部甲级科学技术成果荣誉证书

中华人民共和国卫生部

1988 年北京医科大学人民医院肝病研究所获得国家科技一等奖证书和卫生部甲级科技成果荣誉证书

米勒带领陶其敏等与西冈教授研讨后合影

澳大利亚抗原发现者、诺贝尔奖金获得者、美国的布伦勃格（B.S.Blumberg）在米勒陪同下参观了陶其敏科研组的实验室，他惊讶地发现，这个实验室竟然如此简陋！他没有想到在这样简陋的条件下，能做出如此成功的产品。

米勒告诉他，中国人还将进一步探讨肝炎、肝硬变、肝癌的发病机制及其相互关系，并找出阻断方法和药物，为最终消灭乙型肝炎而斗争。

1979 年，米勒和陶其敏出席了全国科技大会，人民医院肝病研究所获得国家科技成果一等奖，陶其敏被评为全国劳动模范。

米勒作为肝炎研究所的名誉所长，一直呼吁在全国落实婚检时检测乙肝，在全国中小学接种乙肝疫苗。

米勒被称作中国的“乙肝疫苗之父”。

德国寻亲

米勒陪同我回日本省亲后，他的思乡情结日益浓重。自从 1946 年他收到母亲发自上海的一封信后，从此失去联系，几十年来，他始终不知道父母的下落。

1974 年，米勒向组织上提出了想回德国探亲的申请，立即得到批准。北京外办还拨给他一笔足够的费用，支持我们能够早日成行。当年选中米勒去延安工作的廖承志，还为我们出主意、想办法，提供各种方便。

1974 年 5 月，我陪同米勒乘飞机取道法国巴黎，途经瑞士、奥地利，抵达德国。

米勒离开德国已经近 40 年了。他凭着自己的记忆，去寻找自己当年的家。

德国战后 20 年来，除了建设了一部分现代化的新型城市外，对待毁于战火的老城，一般只是进行修复，保留历史旧貌，特别是对文艺复兴、巴洛克、洛可可及古典主义不同时代的建筑，视为欧洲文化发展史的标志和艺术瑰宝而加以保护。

米勒的故乡是一座著名的历史文化名城。因此，战后修复的街道、教堂、房舍与战前相比，没有太大的改变。

米勒夫妇与廖承志夫妇、马海德夫妇合影

米勒很顺利地就找到了自己的出生地——一排老式建筑的四层楼房。但是现在的住户，谁也不知道若干年前这里住过西蒙·米勒一家。

无奈之下，米勒把我安排到旅馆住下，他自己到警察局去请求帮助。从警察局查阅档案中得知，是有西蒙·米勒这个人，但是人早已离去，去向不明。米勒一连去了几天，都没有得到任何线索。

米勒想，在法兰克福有一个犹太人居住区，也许那里会有一些父亲的线索。于是我们离开杜塞尔多夫，去了法兰克福，就住在离火车站不远的一家小旅馆。

米勒每天早出晚归，除了在犹太人居住区到处寻找外，还到警察局查档案。我不懂德语，只能在旅馆里等消息，或者就在附近走走转转。

可是，法兰克福之行，也没有找到米勒父母的下落。

米勒德国的家外景

最后，米勒决定到汉堡去寻找姨妈，也许姨妈知道自己父母的下落。

米勒从中国出发前，廖承志为米勒介绍了一个在汉堡的亲戚林先生及夫人，廖承志写了一封信，请林先生夫妇对米勒给予帮助。我们到达汉堡后，受到了林先生夫妇的热情接待。在汉堡，米勒根据记忆，找到了姨妈家的地址。他迫不及待地带着我敲开了姨妈家的门。开门的是姨妈的孙媳，她告诉我们，姨妈早已去世，米勒的表姐住在离此地不远的另一个城市。我们又马不停蹄地赶往了他的表姐家，在莱因贝克城见到了比米勒大七岁的表姐。

周家嘴路783弄11号，米勒母亲当年在上海等待、寻找米勒的住址

米勒的表姐讲述了米勒家几十年的变迁。米勒的父亲被关进集中营后，为寻找儿子，米勒的母亲亨丽埃特在1940年太平洋战争爆发前，从欧洲辗转来到中国的上海，希望得到儿子的消息。母亲在上海住了下来，并找了一份工作，边工作，边打听儿子的下落。后来她见到了在宋庆龄机构工作的德国人王安娜，知道米勒在延安，更是充满了希望，期待着早日与儿子相见。

可是眼看相见的机会一直没有等到，希望渺茫。此时的亨丽埃特又得知米勒的父亲已经从集中营出来了，身体被折磨得虚弱不堪，她惦记着丈夫，急忙赶回德国。临走时，

米勒与表姐在德国重逢

米勒父母的遗物

她将自己家在德国新的通信地址留给王安娜，嘱托她转交米勒。没想到，这个地址被王安娜不慎遗失了，从此母子失去了联系。可是亨丽埃特并不知道其中的原因。伤心的亨丽埃特一直没有等到心爱的独生子的信息，于 1948 年离世。

米勒的父亲西蒙·米勒，1943 年 6 月 25 日被党卫队从杜塞尔多夫市的货运火车站用货车送进集中营，1945 年 7 月被美国军队解救出集中营。有可能党卫军念他曾经参加过第一次世界大战，是个德国老兵，也可能是妻子家族的名望，所以没有把他折磨死，他才得以走出集中营，回到家乡。妻子亨丽埃特去世后，他孑然一身，就由妻姐接到家中照顾，并与妻姐的一家人共同生活，于 1953 年病逝。父亲名下的遗产本应由米勒继承，但是因为米勒失散了几十年，警察局已经将其登记为死亡者，就将遗产分给了其他亲戚。米勒所得到的父母的遗物只有一根系餐巾的银链和六把含金的汤勺。多年后，已移居西班牙的米勒的表姐，将米勒父母的遗物：一个怀表挂链、一枚胸针和一个茶杯及杯托交给了我们的女儿米蜜。

1980年米勒与表妹在德国

在德国“复活”

米勒手捧父母的遗物，回忆曾与父母一起度过的岁月，不胜感慨，他提出要为父母扫墓。可是，母亲是基督徒，墓地只保留 20 年，1968 年就已不复存在。我们在他表姐全家的陪伴下，前往父亲的墓地。这是一个较大的公墓，按照不同的宗教信仰划分区域，如犹太教墓地、伊斯兰教墓地、天主教墓地等。墓地管理得井井有条，修整得十分整洁。我们根据管理处办公室的地图，找到了父亲的坟墓。墓前竖立着宽约 30 厘米的木碑，已经破损了一半。父亲的名字依稀可见。米勒在父亲墓前悲痛不已。

第二天．米勒与我再次前往他父亲的墓地祭扫，他特意买了一束鲜花敬献在父亲的墓前。我注意到别人的墓碑

犹太教墓地

米勒父亲西蒙·米勒的墓地

大多是石头的，就向米勒提议，是否也将破旧的木碑换成石碑？米勒不同意。我以为他是怕多花钱，因为我们到德国的所有费用都由国家支付。我说，用石头做墓碑是大家的习俗，即使多花些钱，组织上也会理解的。米勒说，不是考虑钱的问题。第一，父亲已经死了这么多年了，从实际出发，多余的钱，一个也不应该花。第二，当年正是表姐一家悉心照顾父亲多年，也是他们帮着料理后事。我们现在重做墓碑，必须顾及表姐一家的感受。我觉得米勒考虑得周到，说得有理，也就不再坚持了。

表姐与米勒聊了很多往事，她向米勒提议，“应该让大家知道你还活着”。表姐陪同米勒到了离汉堡很近的一个小城，找到她在警察局工作的儿子，请他帮助米勒向有关方面联系。几经交涉，获得了该市市政府的同意，米勒办理了“活过来”的手续。这件事，成为亲友们中的一件奇闻。

“复活”的米勒回到汉堡，在林先生的引荐下，结识了几位联邦德国医务界的朋友和华侨，向他们介绍了中国的情况。

我们在德国共待了 20 多天，了却了米勒萦怀近 40 年的心愿，准备乘船途经英国回国。我们与米勒表姐一家在汉堡海港告别，离别时彼此都难分难舍。

抵达英国短暂停留时，米勒特意与我一起到海德公园瞻仰了马克思的墓地。站在伟大的马克思的墓前，米勒想起当年在朱德总司令的小屋中，朱老总曾万分遗憾地提起没有到过马克思的墓地。今天，我们一起来瞻仰了，也替朱老总献上一份敬仰与怀念。

牵线搭桥

米勒是个具有开放思维和现代意识的人，组织上让他主管外事与科研工作，真是选对了人。

早在 1972 年，米勒就冲破了“左”的思想障碍，为中国的医学科学与国际间的合作、交流与引进创造了条件，闯出了路子。他与西冈合作的时候，中日两国尚未建交，属于私下会见。

1978 年，米勒重访了日本卫材公司，并与东京顺天堂大学医学部的白壁彦夫教授建立了较深的关系。白壁彦夫教授是著名的胃肠病专家，他创造的“线双重对比造影”，是诊断早期胃癌的有效方法。在当时，这属于世界上最先进的诊断方法。米勒很有兴趣地了解了白壁教授的成就，并提出要把这一科学成就介绍到中国来。

1979 年，经米勒与白壁联系，北京医科大学附属第三医院的内科大夫林三仁被派往日本，向白壁教授学习。其后，在米勒的关心、支持下，由于白壁和卫材公司内藤兄弟的鼎力帮助，中国早期胃癌的检测研究，迅速发展成为一门新的具有国际先进水平的学科。进而，让日本的先

米勒（右二）接待日本著名医学专家白壁彦夫教授（左二）来访

米勒与美国著名医学专家戴蒙德

米勒接待外国医学代表团来访

进医学技术在中国开花结果。

1981 年，米勒和瑞士苏黎世大学的秘书长进行了磋商，争取派出数名学员进入该校学习。他对派往国外学习的教师给予了热情帮助。他嘱咐我们在瑞士工作的女儿米蜜，对于中国教师要迎来送往，提供食宿条件。对于经济困难的大夫，他慷慨解囊相助。

米勒接待外国同行来访

1985年，米勒利用在瑞士养病的机会，应邀出席在苏黎世大学召开的中国学生联谊会成立会。他对中国学生的思想、学习情况，询问得很仔细，一再表示出对大家的殷切希望，使到会的中国学生受到很大的鼓舞。

早在战争年代，米勒在缺医少药的延安和太行山区从事战地救死扶伤工作时，就见证了中国传统医术的神奇与魅力。和平时期，米勒有机会到了医学院校任教和主管科研、外事时，很关心中国传统医学如针灸、推拿、中草药的继承与发展，并积极将这些中国传统医术推广介绍到国外。他还经常带外国医学代表团现场观摩针灸麻醉和推拿技术。他是中外医学交流与合作的热心推进者，他以十分积极的努力，发挥了桥梁与纽带的作用。

重返太行

1984年，米勒已经有病了。米勒提出，让我陪他一起重返太行山，去看看分别了多年的山山水水和老乡们。他说，趁现在还走得动，抓紧去看，以后恐怕再也没有机会了。

我们是那一年的8月份去的太行山。我们先到了当年的八路军总部所在地武乡县土河村。土河村的男女老少听说当年的“米拉”来了，倾村出来迎接。当年与米勒一起战斗过的村民，现在还有五个，都已经是六七十岁的老人了。见面后，个个激动得直掉眼泪。米勒当年的房东申邦治看到米勒后，一步上前，紧紧拉住米勒的手，老泪纵横，激动得说不出话来。

1984年米勒在八路军总部旧址门前留影

我们参观了八路军纪念馆，在彭德怀将军住过的窑洞里，米勒十分激动。他站在那里看了好一会，始终不肯离开。他向陪同参观的同志说，我能不能到彭将军的土炕上坐一坐？陪同的同志回答，当然可以。米勒在彭德怀睡过的土炕上坐了很久，边抚摸着土炕，边回忆着当年。他告诉我们，当年他曾在这个土炕上与彭德怀将军一起睡过一

米勒与当年的房东申邦治喜重逢

米勒受到老乡们的热烈欢迎

米勒坐在彭德怀当年睡过的土炕上久久不愿离去

闻讯赶来见洋大夫的老乡

米勒在武乡县八路军纪念馆留言

米勒向武乡县八路军纪念馆同志讲述当年往事

晚，聊得很尽兴。彭德怀很关心他，还把自己的皮夹克送给了他。彭德怀始终是米勒很敬重的一位将军。

在一条大路边，有一座高高的碉堡。米勒说，这还是当年日本鬼子留下的，他坚持拄着拐棍爬上碉堡。他说，我要找一找还有没有日本鬼子留下的老东西。结果他还真发现了一些玻璃大灯灯罩上的碎瓷片。米勒在碉堡里待了很久，他眺望着远处，回忆着当年躲避日军的大扫荡，紧急转运伤病员的情景。他说，那时都是难走的小路，行军很不容易。老百姓的住房都是土坯的，现在盖了这么多的红砖房。米勒很是感慨！

米勒夫妇与武乡县医卫系统同志合影

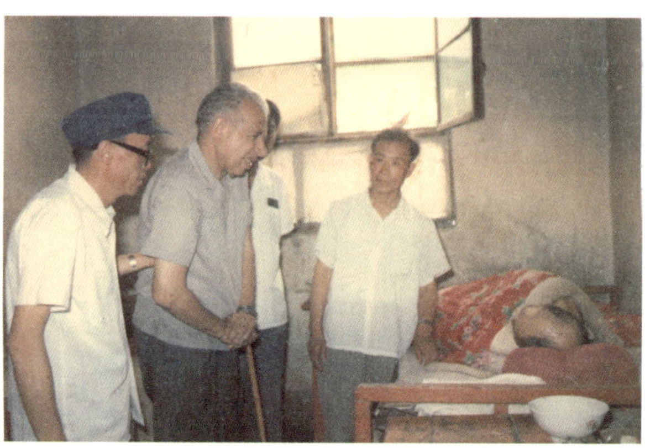

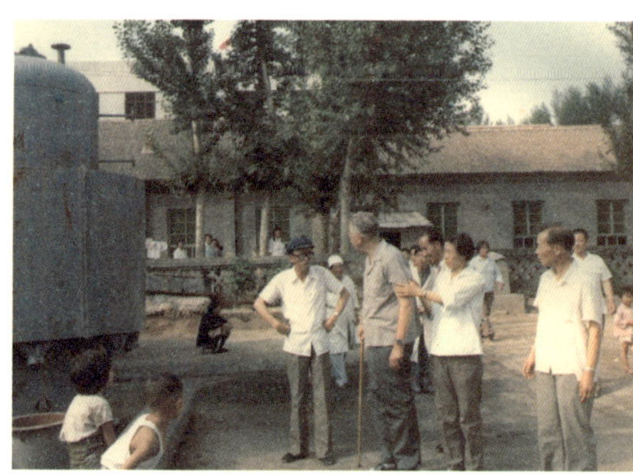

米勒看到武乡县医院简陋的条件感慨万千

米勒与村民们亲切交谈

我们到左权县时，那里组织了欢迎大会，当地的老百姓十分淳朴，看到米勒，十分激动。我们在当地参观，走到哪，他们都一路跟着，他们都没有忘记当年的八路军，也没有忘记曾经全心全意为他们救死扶伤的“洋八路”、“洋院长”、“洋菩萨”。

最让我感动的是，有一位老百姓，为了见一见米勒，步行了一天，赶到会场。他说，我要再看一看“大鼻子”。说明米勒当年确实为老百姓做了好事和实事，与老百姓的感情很深。米勒的功劳被当地老百姓口口相传，一直没有忘记。

我们还到当地的卫生院和县医院去看了，发现条件依然十分简陋，住院部病人盖的被子都是从自己家里带来的。

县医院的设施让我以为这是个村一级的卫生所。院长恳求米勒回到太原市时替他们向上级说一说，给他们改善一下状况。米勒答应了，并且对山西省卫生厅的领导说了，后来真的起了作用。

邓大姐的名片与鲜花

我珍藏着一张邓颖超大姐的名片，上面有邓大姐写给米勒的一段话。那是 1980 年，卫生部为早期来华工作的三位大夫：傅莱、马海德和米勒举行庆祝会并颁发荣誉证书。邓大姐特意请人送来她刚从泰国访问归来带回的鲜花，并附上一张她的名片，上面写着：“米勒同志：送上我从泰国带回的友谊之花，表示热烈地祝贺！”我们当即将鲜花一分为三，与傅莱夫人、马海德夫人各捧一份一起照了相。

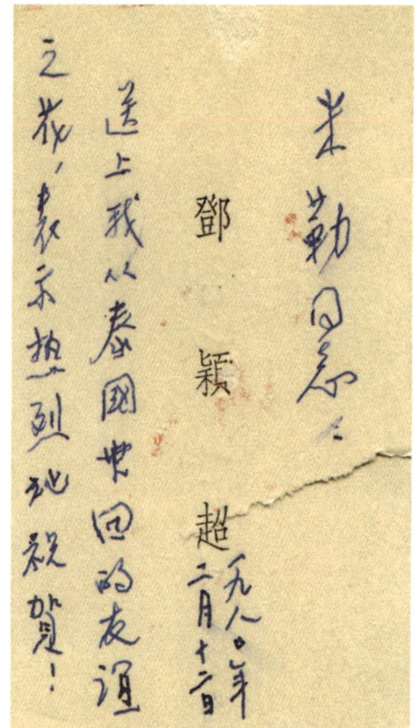
米勒同志：
鄧穎超
送上我从泰国带回的友谊之花，表示热烈地祝贺！
一九八〇年二月十二日

邓颖超 1980 年 2 月 12 日托人送给米勒表示祝贺的名片

党和国家从来没有忘记米勒对革命作出的贡献与努力。

1985 年 1 月 11 日，卫生部在全国政协礼堂为米勒 70 寿辰暨来华参加革命 46 周年举行隆重的庆祝会。杨尚昆、程子华、黄华、康克清、吕正操等领导同志和许多老朋友都来祝贺。邓颖超大姐派人送来一个大花篮。

1989 年 12 月 4 日，卫生部举行了“汉斯・米勒同志参加中国革命五十周年”庆祝会，康克清、黄华、萧克和

米勒夫妇手捧邓颖超从泰国带回送来的鲜花

1980年卫生部为早期来华工作的三位大夫傅莱、马海德、米勒举行庆祝会，米勒将邓颖超送的鲜花分送给三位大夫夫人

1985年祝贺米勒70寿辰暨来华工作46周年会场

杨尚昆（左）等领导祝贺米勒70寿辰，白介夫（右）赠百寿图

米勒 70 寿辰，陶其敏赠祝寿图

米勒来华工作 50 周年庆祝会，陶其敏（右二）等科研组同志前来祝贺

1989 年庆贺米勒来华工作 50 周年会场，康克清、黄华、萧克等出席

著名医学家、米勒的好朋友、在华工作的国际友人以及卫生部、北医大的领导和代表共 250 人出席了庆祝会。会上向米勒颁发了荣誉证书。李先念和邓颖超发来热情洋溢的贺信。

李先念同志在贺信中赞扬米勒“在我国抗日战争、解放战争和社会主义建设中，与中国人民同甘共苦，并肩战斗，为我国医学事业的发展，做出了显著的贡献”。邓颖超在贺信中写到，米勒“在艰苦的战争年代，以忘我的工作精神和精湛的医术，为中国人民的抗日战争、解放战争做出了显著的成绩。新中国成立后，又投入社会主义建设事业之中，为中国医学事业的发展，努力工作，成绩卓著”。她强调指出，米勒“在中国的土地上已经辛勤奋斗了半个

1982 年邓小平会见米勒

1989 年 11 月 11 日，首都各界纪念白求恩逝世 50 周年、诞辰 100 周年大会上，江泽民亲切会见米勒

习仲勋与米勒亲切握手

庆贺米勒来华工作50周年会场上，萧克与米勒愉快回忆往事

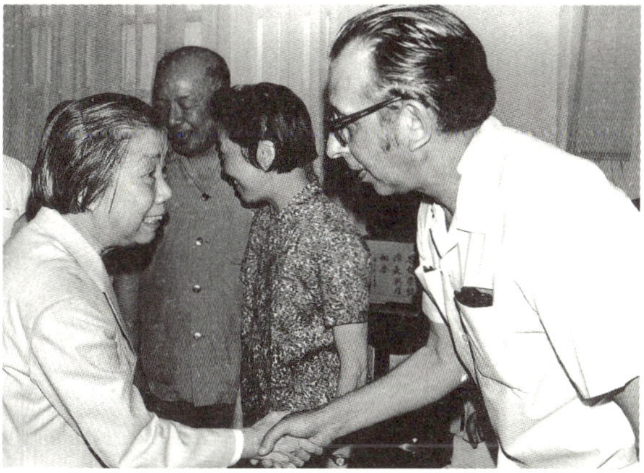

1974年邓颖超与米勒亲切握手

世纪，把全部精力奉献给了中国的伟大革命和建设事业，这种高尚的革命精神值得我们大家永远学习”。邓大姐给予米勒以高度评价，认为他“不愧为是一名光荣的中国共产党员，是一名国际主义战士，是一名中国人民的忠诚的革命战士”。

米勒诚恳地表示，“五十年，也就是半个世纪，这在人类历史长河中只不过是短暂的一瞬间，而对于一个人来说，却是漫长的道路。在这五十年里，我能够置身于中国人民革命斗争的行列，为中国人民的解放事业尽一份力量。在解放后的年代里，我又能把自己的知识和力量同中国人民辛勤劳动融为一体，为此我感到幸福和欣慰”。

米勒说的这番话，是发自他内心的由衷之言，他在多种场合都如此表达过。他之所以感到幸福和欣慰，是因为他实现了自己的信念和追求。

政协委员

1983年起，米勒与其他十位获得中国籍的外国血统人士，如爱泼斯坦、陈必娣等一起担任了全国政协委员。

从第六届起，他一共担任了三届，是第六、七、八届全国政协委员。他很重视这个身份，认真出席会议，积极参政议政，建言献策。

米勒关心中国现代化建设的发展，特别关心与自己的专业有关的医疗事业的发展。他积极参与国家大政方针的讨论与制定，提出不少有关卫生工作的建议。比如，他多次呼吁在婚姻登记时必须进行婚前健康体检，而且要进行乙肝指标检测；他提倡在全国中小学生中接种乙肝疫苗。

他倡导在医学科研领域开展国际间的广泛合作，提倡多渠道加紧培养医学人才，开展国际研讨等等。

外国记者在采访他时，不解地问他，你是一个医学领域的专家，怎么参与起政治了？米勒回答：在中国，所有的都是政治，没有不是政治的，所有人都包括在内。1939年，我决定到延安去——这就是地地道道的政治。我早已经干政治了。

戴着委员证准备参会的米勒

米勒的全国政协委员证（医卫组）和出席证

米勒夫妇应邀访美与同行交流

米勒夫妇在家中接待伊文斯夫妇（左一、左三）

米勒夫妇在家中接待日本友人仁木富美子

永远锃亮的皮鞋

米勒对工作要求很高，很严格，一丝不苟。

在和平年代里，他对自己，包括所有医务人员的着装，也要求干净、整洁。

米勒一般穿西装，他穿的皮鞋，永远擦得锃亮。他认为，这不仅仅是讲究卫生，而且反映了一个医务工作者的工作作风。女儿米蜜很小的时候，我就教她怎么擦皮鞋，每个周末，米蜜会负责把全家的皮鞋擦得锃亮。

有一次，米勒查房时，看见有一个年轻医生的皮鞋很脏，他立即弯下腰帮那个医生擦皮鞋，说必须擦亮皮鞋才可以走出去，开始查病房，弄得那个年轻医生很不好意思，赶紧自己擦亮皮鞋，并向米勒保证说，下次再也不穿脏皮鞋了。

对待医院的环境卫生，米勒也很重视，一事当前，他都率先做表率，然后让全体医务人员执行。他经常亲自动手收拾周围的环境。比如，病房的清洁卫生工作，他往往亲自带领科主任、护士长、卫生员洗刷地板和污水池。当看到别人刷得不干净时，他便拿来碱和刷子亲自动手擦洗，直到弄干净才罢休。

他最见不得人随地吐痰，更不能容忍医务人员自己随地吐痰。

他经常在大会上和在课堂里讲，随地吐痰是很不文明的举动，就等于是当众脱裤子一样！

有一次，他正带领一群医生查病房，刚从一间病房出来，从走廊走向另一间病房，只听到“呸”的一声，一位院领导大声地往地上吐了一口痰。米勒立即停下脚步，要求那位院领导马上把地上那口痰擦干净！看着米勒一脸严肃的表情，那位领导红着脸，蹲下身子把自己吐的痰收拾干净了，米勒还不忘批评他，下次绝不可以！

温暖的家

我一直庆幸自己找了一个好丈夫，米勒对我真是体贴入微。虽然他样样能干，各方面不知道比我强多少！可是他从不摆大丈夫的派头。对孩子，关心照顾，平等民主，不摆家长架子。我们家的气氛永远是温馨和睦的。

我们家有一个规矩，不许背后议论，有意见当面交换，不管是谁，错了就道歉。家长错了，也要道歉。

但是，我们对孩子的教育又是严格的，有规矩的，绝不娇惯。我们家一直有保姆，有驾驶员，但是我们从不允许孩子随便支使保姆和工作人员，教育孩子对待保姆等人要有礼貌，对邻居要友好客气，和睦相处。有事必须通过父母，不许直接发号施令。要求自己的事自己做，从小爱劳动，刻苦学习，奋发自立，广泛汲取知识，不断丰富自己，将来不论干什么工作，都能自食其力。

记得我们在东北时，每到冬天雪下得很大，差不多齐膝深，我们给上小学的米蜜做好了防护措施，让她自己走着去上学。“文革”期间，儿子德华随工厂赴北京平谷县山区“拉练”，结束后，他接受照顾乘车回家了。米勒知

相濡以沫

相依相靠

互助互爱

天伦之乐

庭院合影

1992年拍摄的全家福

道了，罚他重新再参加一次“拉练”，坚持徒步走回来。米蜜接受了弟弟两次“拉练”的教训，到房山“拉练”时，虽然身体不适，也拒绝了要送她回家的照顾，坚持与伙伴们一起走路，甚至脚化脓感染，硬是拄着老乡送的拐棍，坚持走了回来。

对孩子合理的求知要求，我们都尽力满足。无论他们提出学习溜冰、游泳、弹钢琴、练吉他等等，我们不会吝惜花钱。我们的女儿米蜜和儿子德华都先后毕业于清华大学工业自动化系和精密仪器系。米蜜后来到瑞士从事计算机程序设计，儿子德华从事商务贸易，事业上都发展得不错。

1979年，在瑞士工作的米蜜，已经快30岁了，她因为怕怀孕生孩子会影响工作，一度不想要孩子。米勒与我商量后决定，让她放心地要孩子，在带孩子的问题上，我们可以助她一臂之力，在她最困难的时候，帮助她一把。在米蜜即将临产时，我们提前从北京赶到瑞士照顾她，一直到外孙女优利亚六个月时，由我们带回中国抚养，一岁半时再送回瑞士。

外孙女优利亚与姥爷感情很深，她从五岁半开始，每年暑假都来北京度假。我这里保存着一封优利亚写给姥爷的信：

亲爱的姥爷：

你怎么样？我非常好！在家里我没有计算机，所以手写这封信给你。希望你能看懂我写的字，这样你喜欢吗？听说你已经在数还有多少天我就可以到北京了？我也在数呢！还有22天了。姥爷！我是那样地高兴那一天的到来。我已经等了整整五个月了，现在只剩下22天了！再过22天，咱们就要见面了！姥爷有一点请你不要忘记，我爱你！不管你富有还是贫穷！我爱你，不管你的容貌如何！我崇拜你，不管你是中国的皇上还是贫穷的乞丐！我要告诉你的是，我一辈子永远不会忘记你！

请代我问候全家！

爱你的、尊敬你的、崇拜你的

优利亚

1992年6月14日

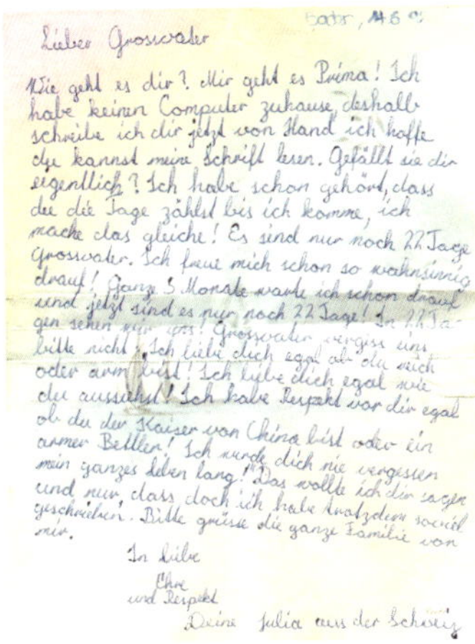

Bad[illegible], 14.6.92

Lieber Grossvater

Wie geht es dir? Mir geht es Prima! Ich habe keinen Computer zuhause, deshalb schreibe ich dir jetzt von Hand ich hoffe du kannst meine Schrift lesen. Gefällt sie dir eigentlich? Ich habe schon gehört, dass du die Tage zählst bis ich komme, ich mache das gleiche! Es sind nur noch 22 Tage Grossvater. Ich freue mich schon so wahnsinnig drauf! Ganze 5 Monate warte ich schon drauf und jetzt sind es nur noch 22 Tage! In 22 Tagen sehen wir uns! Grossvater vergiss uns bitte nicht! Ich liebe dich egal ob du reich oder arm bist! Ich liebe dich egal wie du aussiehst! Ich habe Respekt vor dir egal ob du der Kaiser von China bist oder ein armer Bettler! Ich werde dich nie vergessen mein ganzes leben lang! Das wollte ich dir sagen und nur, dass doch ich habe trotzdem [illegible] geschrieben. Bitte grüsse die ganze Familie von mir.

In Liebe
Ehre
und Respekt
Deine Julia aus der Schweiz

外孙女优利亚的信

优利亚来信的信封

我的母亲很喜欢米勒，1972 年我们从日本省亲回来后不久，母亲就来信说，想来北京与我们一起生活。我当然高兴并欢迎。

1973 至 1976 年，我母亲曾到北京我们的家中与我们共同生活了三年。她很喜欢我们家的温馨氛围，喜欢我们家人与人之间相处的方式和家风。我的女儿和儿子对她也特别亲。她曾与我们一起，多次到北戴河度假，并在米蜜与德华的保护下，有生以来第一次下海学习游泳。她特别习惯与我们一起的共同生活，总对别人夸奖中国教育出来的孩子孝顺老人。后来，我哥哥频频来信来电话催促母亲回日本。考虑到日本的民俗及哥哥一家的心情，母亲这才依依不舍，离开我们，回到了日本。我哥哥去世后，母亲选择到养老院去，健康地生活了很多年，直到 90 多岁才离世。

我母亲对米勒各方面的表现都非常满意，说我是前世修来的好福气。她还对我女儿米蜜说，你长大以后，不要找日本丈夫，你看，你父亲对你母亲多好啊！

我母亲在我们家住的时候，一刻也闲不住，她特爱干

1987 年米勒与他疼爱的外孙女优利亚

中村、苏菲（中）与中村母亲的合影

中村的母亲（左）在北京生活了三年

净。一天，她看见米勒收藏的一件古董——明代宣德铜香炉上面布满包浆。她看不懂，以为是脏，便费了很大劲，用了不少功夫，硬是擦去了铜炉边上的包浆，把明代宣德炉的边擦得锃亮。

我们下班回来后，发现了铜香炉的变化，哭笑不得。米勒虽然心疼极了，但是他什么也没说，只是闷闷不乐地提前上床睡觉了。我则赶紧把这只宣德炉用报纸包好，藏到了柜橱里，生怕再发生类似的误会。多年后，我收拾东西时，无意中找出了这个纸包，打开一看，这只宣德铜炉又恢复了本来面貌。

大明宣德铜香炉

无悔人生

米勒患病后仍保持乐观心情，这是他与司机小王在院中逗鹦鹉

米勒是1986年在瑞士时因摔跤发病的，从此再没能够站起来，一直坐轮椅。米勒的病情是逐渐发展的。开始几年，不怎么严重，主要是我与保姆负责照顾他。在他的病情越来越重后，组织上选派了六个同志，分成三班，24小时轮流照顾他。

初发病时，病情尚不重，米勒还是坚持尽力为培养医务人员出力。随着病情的不断加重，他身体的不适越来越厉害。为了减少他的痛苦，我亲自为他按摩。每次按摩之后，我都累得大汗淋漓。

长期坐轮椅和卧床，使得米勒深受便秘的痛苦，我悉心照料他，尽量减轻他的病痛。

从他1986年发病，直到1994年逝世，他顽强地与病魔抗争，乐观地生活。

他说，“这50多年来，我能够和中国人民共命运，同呼吸，是我一生中最大的安慰。虽然我现在体弱多病，行动有些不便，常常心有余而力不足。但是我觉得心还不老，总想为人们的健康再作一些力所能及的贡献”。

中村悉心照顾米勒

Die Naturwissenschaften

Naturwissenschaften

Herausgegeben von H. Autrum und F. L. Boschke

Organ der Max-Planck-Gesellschaft zur Förderung der Wissenschaften
Organ der Gesellschaft Deutscher Naturforscher und Ärzte

67. Jahrgang Heft 2 Februar 1980

Springer-Verlag Berlin Heidelberg New York

米勒在《自然科学》杂志上发表文章

当年的游泳健将病了仍能游得很好

晚年米勒

米勒在灯下阅读

爱好阅读是米勒一生的习惯

米勒在接受采访

位于八宝山的米勒墓

孙辈在爷爷墓前

米勒永远活在人们心中

他坐着轮椅，还与国际同行探讨，撰写科研论文，与老朋友一起度假。他年轻时是游泳健将，坐在轮椅上后，一到大海，他还能借助水的浮力，游得很好。

他有一双非常灵巧的手。在我们家里，他有一个工具箱，平时他很愿意自己动手操作。他不仅亲自动手修理安装医疗仪器，还热情地帮助大家修理各种物品，如手表、自行车、收录机和汽车。我们家里的各种用品坏了，都是由他来修理。

米勒爱看书，且看书的速度非常快，老朋友马海德总是有办法，可以找来很多书借给他，可是后来发现，米勒看书的速度太快了，让人来不及弄到新的书源源不断地供给他。马海德就常说他，你是吃书的吗？再多的书，也跟不上你吃的速度！

患病后，阅读各类书报杂志更成了他生活中的重要内容。

1994 年 12 月 4 日，米勒逝世。他临终前仍乐观地对我说，“我的工作都完成了”。的确，米勒的一生，是无悔的值得骄傲的一生！

我们的孙子爱德华写下了与爷爷道别那天的日记：

告别爷爷汉斯·米勒

一九九四年十二月十九日　星期一　下雪

我们全家都穿好衣服就去医院。我们去医院就是看爷爷最后一面。我们先坐在医院的休息室等候别人，我们等的那些人都是爷爷的好朋友。等爷爷的好朋友都到齐了以后，我们就到医院的另一边见爷爷的最后一面。我们看到了爷爷的尸体都不得不流下眼泪。我们告别了爷爷就去很远的八宝山。

孙子

爱德华

一九九四年十二月十九日

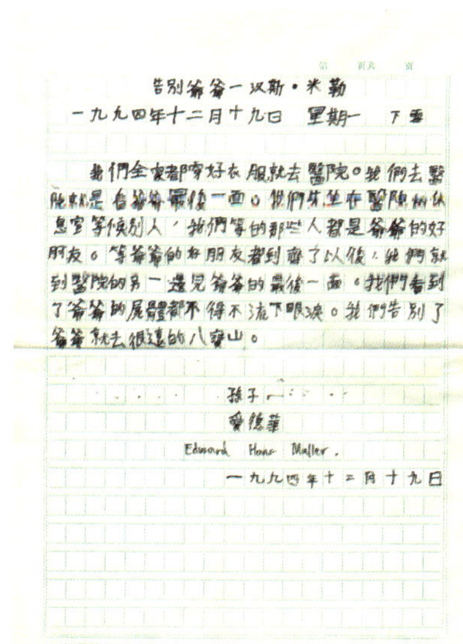
告別爺爺—汉斯·米勒

一九九四年十二月十九日　星期一　下雪

我們全家都穿好衣服就去醫院。我們去醫院就是看爺爺最後一面。我們先坐在醫院的休息室等候别人，我們等的那些人都是爺爺的好朋友。等爺爺的好朋友都到齊了以後，我們就到醫院的另一邊見爺爺的最後一面。我們看到了爺爺的屍體都不得不流下眼淚。我們告別了爺爺就去很遠的八寶山。

孫子

愛德華

Edward Hans Maller.

一九九四年十二月十九日

孙子爱德华送别爷爷的日记

1987 年米勒与孙子爱德华和外孙女优利亚

米勒离我们而去了，曾有过如此刚正不阿、严于律己、勇于担当的一生，他可以欣慰地安睡了，他永远活在我们心中。

永远不要离开中国

米勒刚离开我的那段时间，我真是不习惯，好像天塌了一般，因为我在过去的几十年中，对他太依赖了。他就是我的灵魂、我的靠山和主心骨。

虽然在一般家庭小事上，他从不与我计较，由我做主。但是家中大事，我都不由自主地向他请教，听他的。因为他太能干了。他的阅历那么丰富，经历过无数沟沟坎坎，见过很多世面，且智勇双全。不要说外孙女优利亚崇拜他，我也打心眼里崇拜他。

我和他共同生活了将近半个世纪，他做的一桩桩感人肺腑的事情，我难以一一列举，他对事业鞠躬尽瘁的感人精神也绝不是我用贫乏的语言所能表达的。他一生中给我的帮助和鼓舞将永远铭刻在我的心中。同他在一起，我感到无比的温暖和幸福。

他像一团不灭的火，永远燃烧。

在我看来，米勒没有离开我们，他与我们长在。

我大病了一场。大约三个月后，我慢慢地调整过来了，我决心习惯没有米勒的日子。

怀念米勒

1997 年中村参加纪念艾黎的活动

我担任了中国宋庆龄基金会理事，与老朋友们一起为宋庆龄生前关心热爱的事业继续努力。

我还参加了支持老朋友路易·艾黎生前钟爱的“工合”组织的各项运动，到甘肃山丹去纪念艾黎。

米勒临终时叮嘱我，有什么事，找组织。他说，“没有共产党，就没有我们今天的一切。中国共产党是一个伟大的党。我去世后，你也不要离开中国。永远不要离开中国。”

的确，我今天生活得很幸福，很充实。

中村在宋庆龄北京故居接待日本友人

中村（左）与在京的外国专家一起出席“三八”纪念会

中村（右三）参观宋庆龄海南文昌祖居

在宋庆龄祖居纪念馆看到米勒照片

出席中国宋庆龄基金会理事会议。左起：张爱荣、中村、爱泼斯坦、苏菲、黄浣碧

中村参加北医大建校一百周年庆典活动

中村的晚年很幸福、很充实

一天. 日本厚生省派人到我家访问，想了解一下我这个战后滞留在中国的日本人生活得如何，还准备给我一些补助。

他们到了我家一看，竟然不知说什么好。他们说，这是你的家？这么大？我告诉他们，我的丈夫 1939 年就从德国来到中国，在中国服务了 50 多年，加入了中国籍，受到中国政府与人民的尊敬与爱戴，所以享受到很好的照顾。现在他虽然去世了，我作为他的夫人，依然得到同样的优待。

的确，记得外孙女优利亚曾对米勒说，“姥爷，没有哪一个国家对老革命这么优待的”。

组织上对我真的照顾得很周到，很细致。我牢记米勒的叮嘱，有事依靠党组织，永远不离开中国。

尾 声

听诊器与打字机

在首都天安门广场的东侧，在中国革命博物馆里，也有两件属于米勒文物的展品，是我在 1992 年代表米勒捐献的。

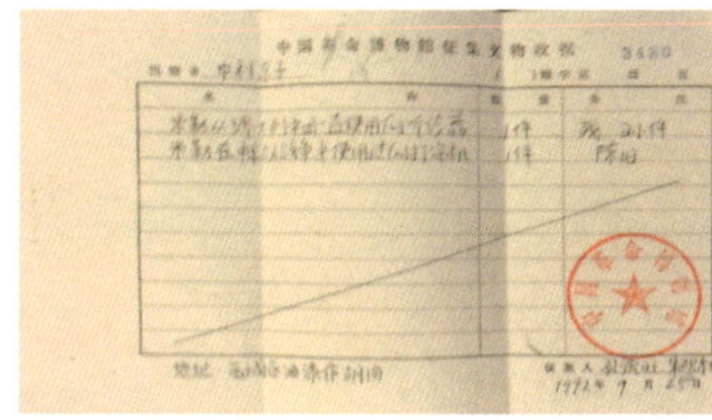

中国革命博物馆给中村开具的捐赠证明

一件是他在战争年代中随身携带并一直使用的听诊器。1939 年米勒下决心到中国投身反法西斯的战斗，曾向瑞士红十字会求助，募集了一套医疗器械，这是目前仅存的一件，其他的都在残酷的战争与辗转中失去了。米勒使用它成功地抢救了成千上万的八路军伤病员的生命，使不少伤员免除了成为残疾者的悲惨结局。

另一件是他一直使用的打字机，1946 至 1992 年，这台打字机伴随了米勒几十年。他撰写的文章，大部分出于此。

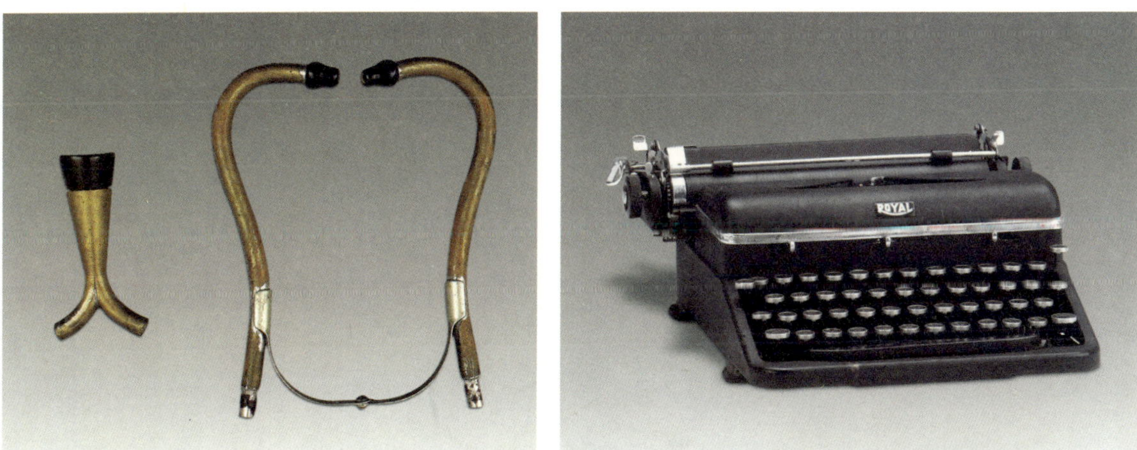

米勒用过的听诊器和打字机

来自德国的“白求恩”

庆贺米勒来华工作50周年纪念会请柬

1989年，是米勒来华工作的第50周年，中国政府为他举行了隆重的庆祝与表彰会，授予他“杰出的国际主义白衣战士”称号，他被誉为活着的白求恩。

自1939年米勒从瑞士医学院毕业后，放弃去南美开诊所赚取丰厚收入的机会，变卖了照相机筹款来到中国西北抗日根据地至今，几十年来，他在中国革命不同阶段的贡献与付出，的确无愧于“杰出的国际主义白衣战士”这个崇高称号。

在半个多世纪的岁月中，米勒将自己的命运同中国人民紧密联系在一起，从一名反法西斯战士成长为共产主义者。他热爱全世界爱好和平的人民。他崇尚正义、坚持真理、兢兢业业、恪尽职守、作风朴实、待人诚恳，为推翻

米勒来华工作50周年纪念会会场

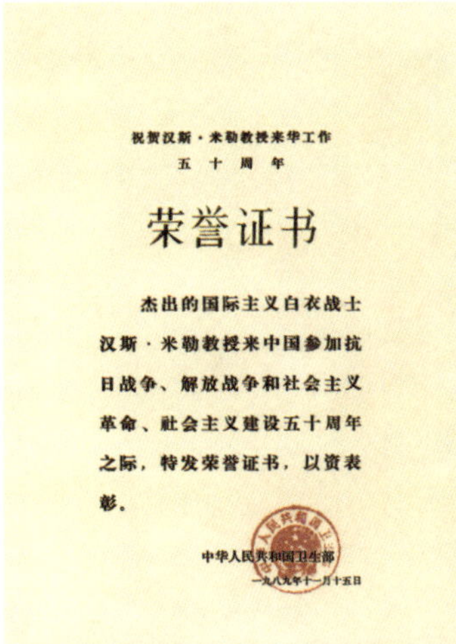

祝贺汉斯·米勒教授来华工作
五十周年

荣誉证书

杰出的国际主义白衣战士汉斯·米勒教授来中国参加抗日战争、解放战争和社会主义革命、社会主义建设五十周年之际，特发荣誉证书，以资表彰。

中华人民共和国卫生部
一九八九年十一月十五日

米勒来华工作50周年荣誉证书

荣誉证书封面上的徽章

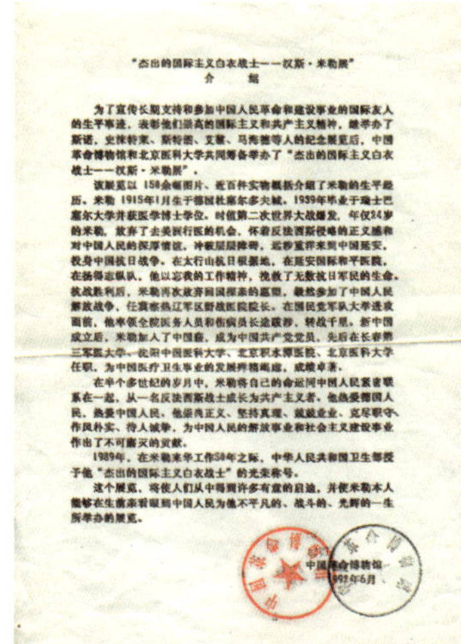

"杰出的国际主义白衣战士——汉斯·米勒展"
介绍

为了宣传长期支持和参加中国人民革命和建设事业的国际友人的生平事迹，表彰他们崇高的国际主义和共产主义精神，继举办了斯诺、史沫特莱、斯特朗、艾黎、马海德等人的纪念展览后，中国革命博物馆和北京医科大学共同筹备举办了"杰出的国际主义白衣战士——汉斯·米勒展"。

该展览以150余幅图片、近百件实物概括介绍了米勒的生平经历。米勒1915年1月生于德国杜塞尔多夫城，1939年毕业于瑞士巴塞尔大学并获医学博士学位。时值第二次世界大战爆发，年仅24岁的米勒，放弃了去美洲行医的机会，怀着反法西斯侵略的正义感和对中国人民的深厚情谊，冲破层层障碍，远涉重洋来到中国延安，投身中国抗日战争。在太行山抗日根据地，在延安国际和平医院，在杨得志纵队，他以忘我的工作精神，挽救了无数抗日军民的生命。抗战胜利后，米勒再次放弃回国探亲的愿望，毅然参加了中国人民解放战争，任冀察热辽军区野战医院院长。在国民党军队大举进攻面前，他率领全院医务人员和伤病员长途跋涉，转战千里。新中国成立后，米勒加入了中国籍，成为中国共产党党员，先后在长春第三军医大学、沈阳中国医科大学、北京积水潭医院、北京医科大学任职，为中国医疗卫生事业的发展殚精竭虑，成绩卓著。

在半个多世纪的岁月中，米勒将自己的命运同中国人民紧密联系在一起，从一名反法西斯战士成长为共产主义者。他热爱德国人民，热爱中国人民，他崇尚正义、坚持真理、兢兢业业、克尽职守、作风朴实、待人诚挚，为中国人民的解放事业和社会主义建设事业作出了不可磨灭的贡献。

1989年，在米勒来华工作50年之际，中华人民共和国卫生部授予他"杰出的国际主义白衣战士"的光荣称号。

这个展览，将使人们从中得到许多有益的启迪，并使米勒本人能够在生前亲眼看到中国人民为他不平凡的、战斗的、光辉的一生所举办的展览。

中国革命博物馆
1992年6月

中国革命博物馆米勒展览介绍

米勒享受国务院政府特殊津贴证书封面

证书

米勒同志：
为了表彰您为发展我国医疗卫生事业做出的突出贡献，特决定从九〇年八月起发给政府特殊津贴并颁发证书。

国务院

政府特殊津贴第(90)361036号
一九九〇年十月一日

政府特殊津贴证书内页

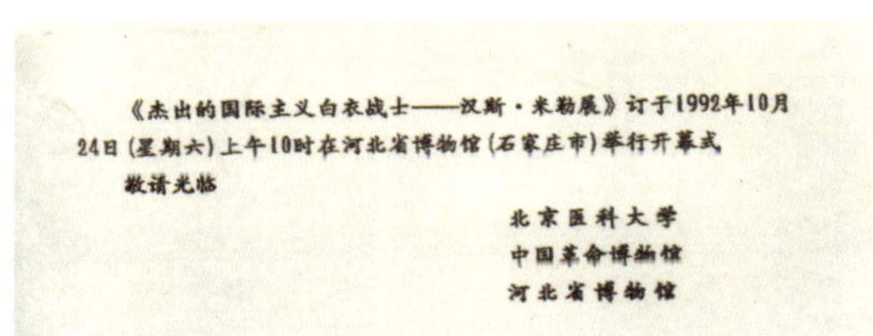

《杰出的国际主义白衣战士——汉斯·米勒展》订于1992年10月24日（星期六）上午10时在河北省博物馆（石家庄市）举行开幕式
敬请光临

北京医科大学
中国革命博物馆
河北省博物馆

河北省博物馆米勒展请柬

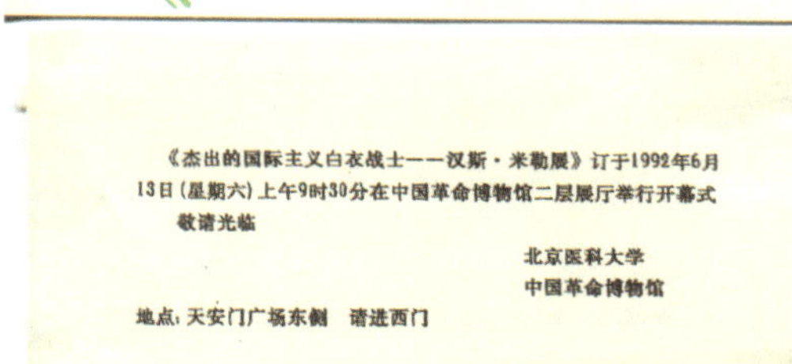

《杰出的国际主义白衣战士——汉斯·米勒展》订于1992年6月13日（星期六）上午9时30分在中国革命博物馆二层展厅举行开幕式
敬请光临

北京医科大学
中国革命博物馆

地点：天安门广场东侧　请进西门

"杰出的国际主义白衣战士——汉斯·米勒展"请柬

王光英（右四）、赵朴初（左二）、韩叙（右一）和德国大使（左一）等出席米勒展览

出席米勒展览的赵朴初（右二）与米勒家人合影

米勒愉快地观看展览

2002年中村重返大营子，很远就看见欢迎的彩门和夹道欢迎的队伍

大营子老乡们热情地围住中村问长问短

位于新林镇的三间平房是当年冀热辽军区总医院院部。中村与儿子米德华在米勒当年担任院长的办公室兼卧室门前留影

1988年中村参加重返八路军总部活动，在米勒题词下留影

2005年为纪念抗战胜利60周年，中村应邀重返八路军总部聚会

法西斯的统治，为解放劳苦大众，不畏艰辛地奋斗了一生。

他被誉为来自莱茵河畔的白求恩。

1992年时，为了宣传和弘扬米勒长期支持和参加中国人民革命和建设事业的事迹和崇高的国际主义精神，中国革命博物馆和河北省博物馆分别举办了“杰出的国际主义白衣战士——汉斯·米勒展”。我很欣慰，米勒能亲眼看到这个展览，看到人民对他所追求、奉献与付出的认可。

2002年，我与米勒57年前曾经并肩战斗过、服务过的东北林西大营子地区政府邀请我俩重返故地。可是，此时米勒已经故去，我在儿子德华的陪同下，回到了大营子。

一下车，我老远就看见当地老乡用彩色气球扎了漂亮的拱形彩门，上面写着：欢迎中村京子回家！我的泪水一下子就涌出来了！我没想到淳朴的老百姓还记着我这个日本籍的小八路！

2005年. 我再次到太行山去，参加了纪念抗战60周年百名八路军老兵在总部纪念馆的活动。

我深切地体会到，中国人民永远不会忘记曾经为了中国人民的解放事业浴血奋战，奉献出青春与生命的国际志愿者们的功劳！永远铭记着国际志愿者们的精神与名字！

我们的献礼

2015 年是纪念世界反法西斯战争胜利暨中国人民抗战胜利 70 周年的大日子，也是米勒的百年诞辰，我们全家一致决定，要好好纪念一下。

怎么纪念为好？我们决定做两件事：一是讲述我与米勒两个“洋八路”与中国人民共同奋斗的故事；二是再作一次捐赠，把米蜜珍藏的几件文物捐赠给宋庆龄陵园。

我们希望曾经逝去的岁月不被尘封，曾经发生的故事不被淡忘，让更多的人了解历史，不忘历史，知道文物背后的感人故事，让更多的人学习、发扬革命前辈的精神。

我们由衷希望世界远离战争，希望中日两国永不再战，愿世界永远和平！人民永远幸福！

2011 年 12 月，本书撰稿者、中国福利会宋庆龄研究室研究员沈海平采访中村并合影留念

与中国结下不解之缘的两个“洋八路”——汉斯·米勒和中村京子

图书在版编目（CIP）数据

两个洋八路的中国情缘/（日）中村京子口述；沈海平撰；中国福利会编. —上海:东方出版中心, 2015.7
ISBN 978-7-5473-0817-2

Ⅰ. ①两… Ⅱ. ①中… ②沈… ③中… Ⅲ. ①米勒（1915~1994）—生平事迹 Ⅳ. ①K827=7

中国版本图书馆CIP数据核字(2015)第147153号

责任编辑：刘丽星
书籍设计：董　伟
责任印制：周　勇

两个洋八路的中国情缘
中国福利会 编
［日］中村京子 口述　沈海平 撰文

出版发行：中国出版集团 东方出版中心
地　　址：上海市仙霞路345 号
电　　话：021-62417400
邮政编码：200336
经　　销：全国新华书店
印　　刷：上海书刊印刷有限公司
开　　本：787×1092 1/16
字　　数：173千
印　　张：13.5
版　　次：2015 年7月第1 版第1次印刷
ISBN 978-7-5473-0817-2
定　　价：55.00元

东方出版中心邮购部 电话：52069798